PETITE

GÉOGRAPHIE ILLUSTRÉE

DU PREMIER AGE

IMPRIMERIE GÉNÉRALE DE CH. LAHURE
Rue de Fleurus 9, à Paris

PETITE

GÉOGRAPHIE ILLUSTRÉE

DU PREMIER AGE

À L'USAGE

DES ÉCOLES PRIMAIRES ET DES FAMILLES

Présentée sous la forme d'Entretiens

PAR E. CORTAMBERT

PARIS

LIBRAIRIE HACHETTE ET Cⁱᵉ

BOULEVARD SAINT-GERMAIN, 79

1870

GÉ

PETITE

GÉOGRAPHIE ILLUSTRÉE

DU PREMIER AGE

A L'USAGE

DES ÉCOLES PRIMAIRES ET DES FAMILLES

PREMIER ENTRETIEN.

FORME DE LA TERRE.

Le temps est beau; la verdure et les fleurs qui ornent la campagne invitent à la promenade : allons visiter les riants environs de notre habitation.

Que la vue est agréable tout autour de nous! Que cette grande plaine offre un beau paysage, avec ses cultures, ses villages, ses jolies maisons entourées de jardins! Mais admirez surtout cette immense prairie qui s'étend à perte de vue le long de la rivière. Il ne s'y trouve pas le moindre monticule, et cette magnifique pelouse se prolonge, dit-on, à plus de cent kilomètres devant nous, sans qu'aucune élévation puisse arrêter les regards. D'où vient cependant que notre

vue ne va pas au delà de huit ou dix kilomètres ?
Pourquoi n'apercevons-nous pas les maisons de Ville-
neuve, située seulement à trente kilomètres d'ici ?
C'est parce que le sol n'est pas plat, mais arrondi, car
il fait partie d'une boule énorme, qui est la Terre ;
nous cessons de voir en un certain endroit la surface
de cette grande prairie, parce que, plus loin, elle s'a-
baisse au-dessous de notre vue.

Remarquez que, de tous côtés, nos regards sont

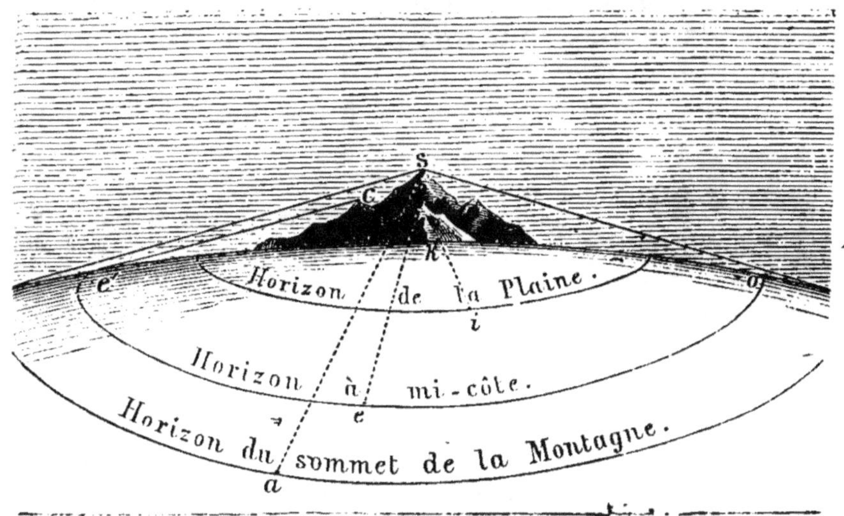

Horizon. — Courbure des terres.

ainsi limités en quelque endroit sur la Terre ; cette
limite forme un grand cercle autour de nous, et s'appelle horizon.

L'horizon est surtout très-sensible et très-apprécia-
ble sur l'immense plaine d'eau qu'on appelle la mer :
si un vaisseau se dirige vers le rivage où nous sommes placés, on ne voit d'abord, dans le lointain, que
le haut des mâts ; à mesure que le bâtiment approche,
nous le découvrons davantage : on en distingue bien

tôt la moitié, puis les trois quarts, enfin il se montre tout entier quand il n'est qu'à la distance d'une huitaine de kilomètres.

Nous voici arrivés à un belvédère d'où l'on jouit d'un coup d'œil magnifique; montons-y. Que la vue est belle de ce point élevé! Voyez, dans le lointain, une suite de hauteurs couvertes de bois : ce sont des montagnes; elles ont au moins sept cents mètres d'élévation au-dessus de la plaine qui se termine à leur pied. Il n'y a pas un édifice qui les égale en hauteur, et cependant elles sont fort petites, comparées à d'autres montagnes, car il y en a qui ont jusqu'à sept mille, huit mille et même neuf mille mètres de haut,

Courbure des mers.

c'est-à-dire neuf kilomètres. Quand on est sur ces hautes montagnes, on voit autour de soi d'affreux précipices, des abîmes profonds.

A la vue de ces profondeurs et de ces montagnes qui nous paraissent si grandes, on se dit naturellement qu'il est bien difficile que la Terre soit ronde. Mais il faut réfléchir que la Terre est énorme en comparaison de tout cela; car elle a quarante mille kilomètres de tour, et si l'on pouvait faire un trou immense à travers tout son diamètre, par exemple depuis le lieu où nous sommes jusqu'à la partie absolument opposée à nos pieds, ce trou aurait environ treize mille kilomètres de longueur. Que sont des montagnes de huit à neuf kilomètres auprès d'une si grande étendue? Elles ne sont pas plus grosses sur la Terre que les taupinières que nous voyons çà et là ne le sont sur la surface de la prairie. Prenons, si vous voulez, une autre comparaison : la peau d'une orange est parsemée de petites inégalités, et cependant on dit que ce fruit est rond. Eh bien ! les hauteurs et les précipices

Autre aspect de l'horizon.

qui se rencontrent sur la Terre ne l'empêchent pas davantage d'être ronde.

QUESTIONNAIRE. Quelle est la forme de la Terre? — Qu'appelle-t-on horizon? — Comment l'horizon prouve-t-il la forme de la Terre? — Pourquoi les montagnes n'altèrent-elles pas la forme du globe? — Quelle est l'étendue de la Terre?

DEUXIEME ENTRETIEN.

LE JOUR, LA NUIT ET LES HEURES. — MOUVEMENT DE LA TERRE.

Voici l'heure de rentrer, car le Soleil se couche. Quel beau spectacle cet astre nous offre en ce moment! Regardez, il est déjà à moitié plongé au-dessous de l'horizon; ses rayons, moins vifs que dans la journée, permettent de contempler son énorme et magnifique disque rouge. Admirez ces nuages de pourpre et d'or, qu'on dirait enflammés par un grand incendie; ils paraissent tout près du Soleil, mais ils se trouvent seulement à quelques kilomètres de nous, tandis que le Soleil en est séparé par des millions de kilomètres. Combien la majesté et la beauté d'un tel tableau surpassent toutes les choses que les hommes peuvent inventer pour plaire aux yeux!

Vous vous demandez peut-être où se couche le Soleil; vous voulez savoir où il va se plonger, en s'abaissant ainsi au-dessous de l'horizon. Eh bien, il ne se couche pas réellement, il ne se plonge nulle part, ce n'est qu'une apparence, il ne change pas de place : c'est la Terre qui tourne. Elle pivote sur elle-même, comme la toupie dont vous vous amusez souvent. Elle nous ramène ainsi vers le Soleil, et nous en éloigne tour à tour. Voilà pourquoi nous avons successivement le jour et la nuit. En ce moment, le Soleil disparaît, parce que nous sommes emportés loin de lui par le mouvement de la Terre; demain matin, nous le verrons reparaître; il nous semblera se lever, parce que la Terre, en tournant, nous ramènera vers lui; puis nous aurons sept heures du matin, huit heures, neuf heures, dix heures, à mesure que nous serons reportés plus directement vers le Soleil; enfin nous compterons midi quand le mouvement de la Terre nous aura placés en face de cet astre, et alors il nous paraîtra au plus haut point de sa course apparente de la journée;

Mouvement de la Terre sur elle-même.

ensuite nous le verrons peu à peu baisser, à mesure que le mouvement de la Terre nous entraînera loin de lui.

Maintenant nous allons entrer de plus en plus dans l'obscurité, et dans quelques heures, au milieu même

de la nuit, nous serons tout à fait à l'opposé du Soleil ; nous aurons minuit.

Ainsi le mouvement de la Terre sur elle-même
cause le jour et la nuit ; il cause aussi les différentes
heures qui divisent notre temps et qui servent à clas-
ser toutes nos occupations.

QUESTIONNAIRE. Qu'est-ce qui cause la succession du jour
et de la nuit, le matin, le soir, midi, minuit ? — En combien
de temps la Terre tourne-t-elle sur elle-même ?

TROISIÈME ENTRETIEN.

L'ANNÉE ET LES MOIS.

Les blés sont mûrs. Ces épis qui couvrent les
champs offrent un bien riche coup d'œil. Voyez ces
gais moissonneurs qui reviennent de toutes parts de
leur travail. Que le beau temps les favorise encore
demain, et que Dieu protége la récolte et la rentrée
de ce précieux aliment !

Il y a un an, ces braves ouvriers se livraient aux
mêmes travaux ; les blés étaient mûrs comme aujour-
d'hui. Ainsi, au bout de ce temps qu'on appelle année, la nature présente le retour des mêmes aspects,
des mêmes saisons et des mêmes richesses. Depuis
la moisson de l'année passée, nous avons fait un bien
grand voyage, sans nous en douter ; car, dans un
an, la Terre accomplit un tour autour du Soleil, et
ne parcourt pas moins de 900 millions de kilomètres.

Nous allons encore bien plus vite par ce mouvement que par celui que la Terre fait sur elle-même, et qui nous procure le jour et la nuit : nous franchissons l'espace avec la vitesse de 30 kilomètres par seconde ; ainsi, dans le moment où je vous parle, nous faisons des milliers de kilomètres avec la plus grande facilité.

Mais pourquoi ne sent-on pas ce mouvement de la Terre autour du Soleil, ni son mouvement sur elle-

Orbite de la Terre autour du Soleil. — Les saisons.

même ? Vous ne vous figurez pas que nous puissions faire tant de chemin en si peu de temps et sans le sentir ; vous croyez que ce sont les astres qui tournent autour de nous, et il ne vous semble nullement que la Terre marche. Elle marche cependant ; et dans le fait les astres ne paraissent tourner autour de nous en vingt-quatre heures que parce que la Terre tourne elle-

même. Vous souvenez-vous de ce qui vous est arrivé
l'autre jour sur le bateau à vapeur, et ensuite dans la
voiture bien suspendue qui roulait sur la pelouse ?
Vous disiez que les maisons, les arbres et les rochers
du voisinage vous semblaient courir et s'enfuir ; ils
étaient immobiles cependant. Mais vous oubliiez alors

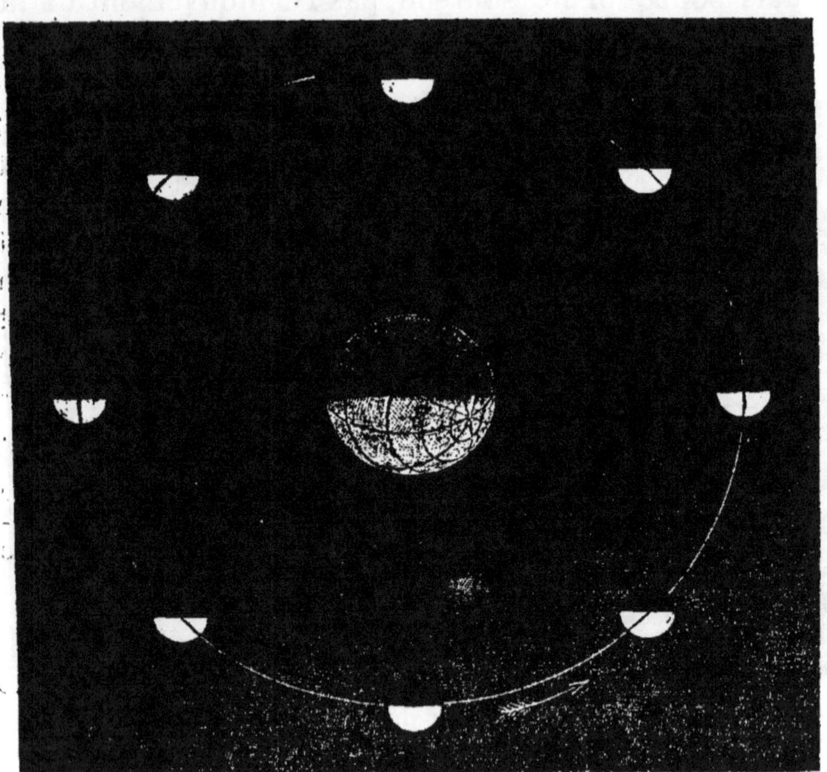

Orbite de la Lune autour de la Terre.

votre propre mouvement, parce que vous n'éprouviez
aucune secousse ; c'était pour vous une illusion presque complète. La Terre aussi avance sans secousse ; et
il est bien naturel que nous ne sentions pas qu'elle
tourne.

Vous connaissez bien à présent la cause du jour et de la nuit, des heures et de l'année. Il faut encore savoir pourquoi on a établi la division du temps nommée mois. Voici précisement quelque chose qui va me fournir l'occasion de vous l'apprendre. Voyez-vous la Lune qui se lève là-bas derrière la colline? Son disque, d'un rouge magnifique, est dans toute sa grandeur et toute sa beauté; il est bien plus large que quand nous l'avons remarqué il y a quelques jours; en effet, c'est aujourd'hui pleine Lune. Eh bien, il y a précisément un mois que cet astre nous a offert un aspect semblable. Que s'est-il donc passé? La Lune est revenue à peu près au même endroit où elle était il y a un mois; elle a exécuté pendant ce temps un grand voyage; elle a tourné autour de la Terre, et chaque mois elle fait ainsi un tour autour de notre globe. Elle tourne douze fois autour de la Terre pendant que celle-ci exécute sa révolution autour du Soleil.

QUESTIONNAIRE. En combien de temps la Terre tourne-t-elle autour du Soleil? — En combien de temps la Lune tourne-t-elle autour de la Terre? — Combien de fois tourne-t-elle autour de la Terre dans un an?

QUATRIÈME ENTRETIEN.

POINTS CARDINAUX, MOYENS DE S'ORIENTER.

Vous avez admiré l'autre jour le coucher du Soleil. Aujourd'hui, je veux vous faire contempler son lever. Montons sur la colline. Regardez de ce côté où le ciel offre de si magnifiques teintes pourprées, et où l'on dirait qu'un grand incendie embrase l'horizon. On commence à voir un peu le bord de l'astre ; déjà on en découvre les trois quarts ; le voilà enfin tout entier. Que ce globe est éclatant et majestueux ! On aurait observé mille fois son retour, qu'on ne pourrait s'empêcher de l'admirer encore. C'est un spectacle toujours nouveau, et qui remplit toujours l'âme d'une sorte de ravissement. Voyez comme toute la nature semble réjouie à l'aspect de l'astre du jour. Les oiseaux célèbrent son arrivée par leurs chants joyeux, les autres animaux sortent gaiement de leurs retraites, et les hommes reprennent de toutes parts dans la campagne les travaux que la nuit avait interrompus. -

Vous savez maintenant que le Soleil ne se lève pas réellement, mais que c'est la Terre qui, en tournant, nous ramène vers lui. On appelle *levant* ou *orient* ce côté où le Soleil semble ainsi se lever. Le côté opposé, où vous l'avez vu disparaître le soir, se nomme *couchant* ou *occident*. On donne encore le nom d'*est* au levant, et le nom d'*ouest* au couchant.

Tournons notre droite à l'est, et notre gauche à l'ouest ; nous avons, dans cette position, le *nord* devant nous, et le *sud* derrière. A midi, nous verrons le Soleil dans la direction du sud ; voilà pourquoi on donne aussi à ce côté le nom de *midi*. On le nomme également point *austral* et point *méridional*.

Le nord s'appelle encore *septentrion* ou point *boréal*. Nous ne voyons, en France, le Soleil dans cette direction à aucune époque de la journée. Mais nous comprendrons tout à l'heure que, pour certains pays, cet astre peut se montrer au nord.

Les quatre points que je viens de vous enseigner sont les points cardinaux. Il y a quatre autres points qu'il est aussi très-utile de connaître : entre le nord et l'est, à égale distance de l'un et de l'autre, il existe un point que l'on nomme nord-est; le sud-est se trouve entre le sud et l'est; le sud-ouest, entre le sud et l'ouest; et le nord-ouest, entre le nord et l'ouest. Tous ces points, et d'autres intermédiaires que je vous ferai connaître composent la *Rose des vents*, qu'on représente ainsi :

Rose des vents.

Je veux vous apprendre à vous orienter, c'est-à-dire à retrouver, quand vous en aurez besoin, les 4 points cardinaux. Lorsqu'on est égaré et qu'on ne peut demander sa route à personne, il est indispensable de chercher à se reconnaître au moyen des points cardinaux.

Entrons dans ce joli bois; suivons ce chemin tortueux et si agréablement ombragé qui s'offre devant nous. Égarons-nous à dessein au milieu des grands arbres, et admirez en passant ces beaux chênes, ces beaux hêtres, ces bouleaux à l'écorce toute blanche, ces trembles au feuillage toujours mobile. Nous avons déjà fort avancé dans le bois. Comment pourrons-nous

nous en retourner? Vous êtes embarrassé.... N'avez-vous pas entendu dire souvent que ce bois est au nord de notre habitation? Eh bien, tâchons de découvrir où est le sud, et nous nous dirigerons de ce côté, car c'est au sud du lieu où nous sommes que se trouve notre maison. Regardez à votre montre l'heure qu'il est maintenant. Il est neuf heures. Le Soleil, que vous voyez briller là-haut entre ces deux têtes d'arbres, ne se trouve plus à l'est, car il y a déjà au moins trois heures qu'il est levé. Il ne se trouve pas au sud non plus, car il n'est pas encore midi. Le Soleil est donc entre l'est et le sud, c'est-à-dire au sud-est. Tâchez maintenant de découvrir le sud, au moyen du sud-est.

Remarquez qu'au lever du Soleil, en tournant votre main droite à cet astre, vous aviez l'est à droite, et derrière vous le sud, c'est-à-dire le point vers lequel le Soleil sera à midi. Lorsque vous étiez ainsi placé, le sud-est devait être derrière votre épaule droite.

Tournez-vous donc en ce moment de manière à avoir le Soleil derrière votre épaule droite, et vous aurez l'est précisément à droite, l'ouest à gauche, et le sud derrière vous.

Maintenant vous connaissez le sud. Voici justement un petit sentier dans cette direction : prenons-le, il nous conduira probablement vers notre demeure.

Nous sommes enfin hors du bois. J'avais raison, comme vous voyez: car nous apercevons dans le lointain les hauts peupliers du jardin.

Mais, direz-vous, si le Soleil avait été caché par d'épais nuages, nous aurions été sérieusement perdus. Cela est vrai; nous aurions pu nous égarer, et chercher assez longtemps notre chemin, si je n'avais cou-

tume d'emporter toujours dans mes promenades loin-
taines ce petit instrument qu'on nomme une boussole;
vous voyez que c'est une boîte dans laquelle une aiguille, large au milieu, pointue aux extrémités, est mobile sur un pivot. Cette aiguille est en acier; mais elle
a été frottée avec de l'aimant, qui est un autre métal,
et elle est ce qu'on appelle aimantée : elle a acquis
la merveilleu-
se propriété
de diriger une
de ses pointes
au nord, et
l'autre au sud;
elle va, du
moins, à peu
près dans ces
deux direc-
tions, et, si
elle ne s'y
trouve pas ex-
actement, on
sait de com-
bien elle s'en
écarte. On
peut donc re-

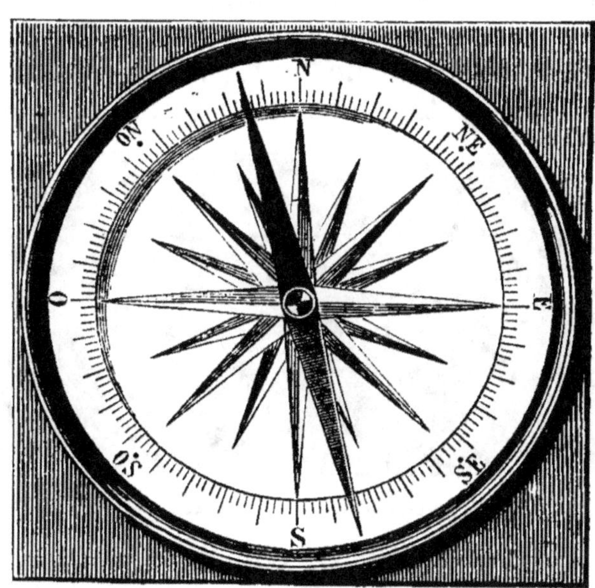

Boussole.

trouver facilement son chemin au moyen de ce précieux instrument.

Notre excursion matinale nous a un peu fatigués :
tant mieux; elle nous fera paraître excellent notre
frugal déjeuner, et nous goûterons comme un délicieux
repos dans le travail de cabinet auquel nous allons
livrer le reste de la journée.

Voyez comme la journée a été vite passée dans les

lectures et les rédactions qui ont éclairé et exercé votre esprit. Voilà la nuit venue. La température est
très-douce. Allons respirer au jardin l'air embaumé de
cette belle soirée. Je veux en même temps vous enseigner un moyen de s'orienter que vous ne connaissez
pas encore, et nous compléterons ainsi la leçon de ce
matin.

Contemplez ce ciel pur et admirable, parsemé d'é-
toiles dans toute son immense profondeur. Les étoiles,
qui paraissent petites à cause de leur grand éloigne-
ment, sont, en réalité, de très-gros astres et autant de
splendides soleils, comme celui qui nous éclaire pendant le jour. Remarquez bien que plusieurs semblent

Constellations de la Grande Ourse et de la Petite Ourse.

groupées et dessiner des figures, comme des carrés,
des triangles, des couronnes et autres apparences. Ces
groupes sont appelés des constellations. Eh bien, tournons notre gauche au côté où nous avons vu le Soleil
se coucher, maintenant arrêtons nos regards vers une
région assez élevée de la voûte céleste, à peu près vers
le milieu de l'espace qui sépare l'horizon du point le
plus haut du ciel et qu'on appelle le zénith. Vous découvrez une constellation qui comprend sept astres
principaux : quatre formant un carré ; trois autres à la
suite, sur une ligne presque droite : cette constellation
est ce qu'on appelle la Petite Ourse ; et ces trois étoi-

les en ligne droite en sont la *queue*. L'étoile qui forme l'extrémité de cette queue est appelée *Polaire* (bientôt je vous dirai pourquoi). Elle est toujours dans la direction du nord, et, dès que l'on connaît le nord, on sait, comme vous l'avez vu, où sont les autres points cardinaux.

Dans le voisinage de cette constellation, admirez-en une autre bien plus brillante, bien plus grande et qui lui ressemble beaucoup : c'est la Grande Ourse ; mais elle ne se trouve pas si directement au nord que la Petite, et n'offre pas un moyen si commode de s'orienter.

QUESTIONNAIRE. Quels sont les quatre points cardinaux ? — Vers quels points du ciel sont-ils placés ? — Quels sont les quatre points placés entre les points cardinaux ? — Comment peut-on s'orienter ?

CINQUIÈME ENTRETIEN.

AXE, PÔLES, ÉQUATEUR, GLOBE ARTIFICIEL ET MAPPEMONDE.

Vous me demandez quel est l'usage du globe placé sur cette table. Ce globe, qu'on appelle aussi sphère, représente la Terre. Vous voyez qu'on peut le faire mouvoir sur lui-même ; la petite barre de fer sur laquelle il tourne s'appelle *axe*. N'allez pas croire cependant que la Terre véritable soit ainsi traversée par une barre de métal. La Terre ne tourne que sur une ligne imaginaire, absolument comme cette bille que je vais faire tourner sur la table de marbre ; je lui donne une forte impulsion, en la prenant entre le pouce et le doigt du milieu ; regardez, elle tourne très-vite ;

vous apercevez un petit point immobile, autour duquel tout le reste de la bille se meut rapidement : ce point est une des extrémités de l'axe de la boule ; l'autre extrémité est dessous.

Les extrémités de l'axe de la Terre sont les *pôles*. Celui qui se trouve du même côté que la France, notre cher pays, dont vous lisez ici le nom, est appelé pôle nord ou arctique, c'est-à-dire de l'Ourse, parce qu'il est placé vis-à-vis de la constellation de la Petite Ourse et plus particulièrement dans la direction de l'étoile qu'à cause même de ce pôle on a nommée Polaire. L'autre est le pôle sud ou antarctique. Voyez ce grand cercle que l'on a tracé à égale distance de chaque pôle, et qui divise la Terre en deux parties absolument aussi grandes l'une que l'autre ; on le nomme *équateur* ou *ligne équinoxiale*. Chacune de ces deux parties égales ou demi-boules s'appelle *hémisphère :* l'une est l'hémisphère boréal, l'autre l'hémisphère austral.

Globe terrestre.

L'équateur est dans la partie la plus chaude de la Terre, car le Soleil y darde directement ses rayons. A mesure qu'on s'éloigne de cette région, et qu'on s'avance vers le pôle nord ou vers le pôle sud, il fait de plus en plus froid. Aux pôles et dans le voisinage, tout est couvert de glaces et de neiges qui ne fondent jamais. En France, nous trouvons qu'il fait plus chaud

au sud qu'au nord, parce que le sud de ce pays est plus
près de l'équateur que le nord. Mais dans les contrées
placées dans l'hémisphère austral, il fait plus chaud au
nord qu'au sud.

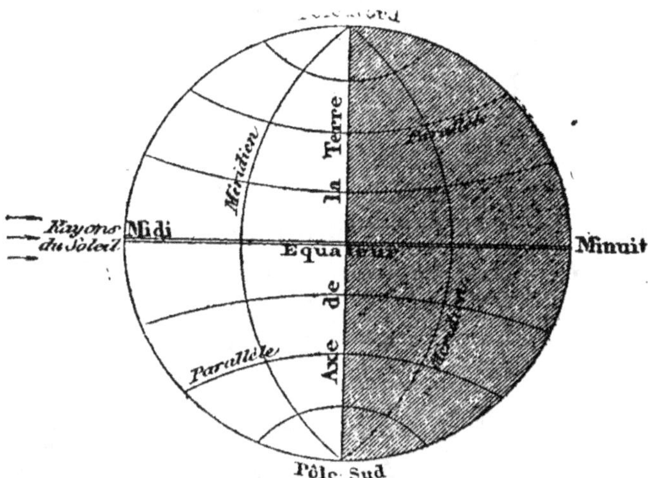

Axe, équateur, méridiens, parallèles, hémisphères
boréal et austral.

Regardez bien : on a compris, entre des lignes différentes
sur le globe, cinq bandes régulières dont les noms expriment
les principales températures qui règnent sur la Terre : l'une est
la *zone torride*, où il fait le plus chaud et qui s'étend au nord et au
sud de l'équateur, jusqu'à des cercles parallèles à ce grand cercle
et qu'on appelle *tropiques du Cancer* et *du Capricorne;* deux autres
sont les *zones tempérées boréale* et *australe,* entre les tropiques

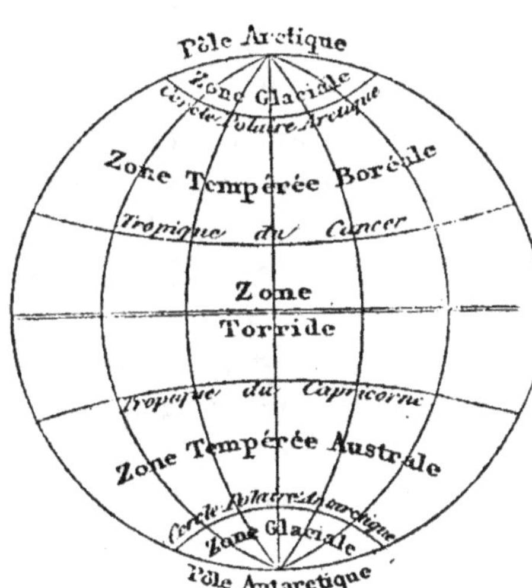

Zones, tropiques, cercles polaires.

et d'autres parallèles qu'on appelle *cercles polaires*

arctique et *antarctique* ; enfin les *zones glaciales arctique* et *antarctique* enveloppent les pôles et comprennent tout ce qui est au delà des cercles polaires.

Examinez maintenant ces cercles qui se dirigent du nord au sud et qui passent tous par les pôles, en coupant l'équateur perpendiculairement : ce sont des *méridiens*, c'est-à-dire des cercles du midi, ainsi nommés de ce qu'il est midi à la fois pour tous les points qui sont situés sur une moitié d'un même méridien, car, dans le mouvement de la Terre, ils passent tous devant le Soleil en même temps ; chaque méridien divise la Terre en deux hémisphères : l'un oriental, l'autre occidental.

On peut aussi des-siner la Terre sur le papier, comme on l'a fait sur cette carte qu'on appelle une *map-pemonde*. Vous recon-naissez l'équateur au milieu, le pôle nord

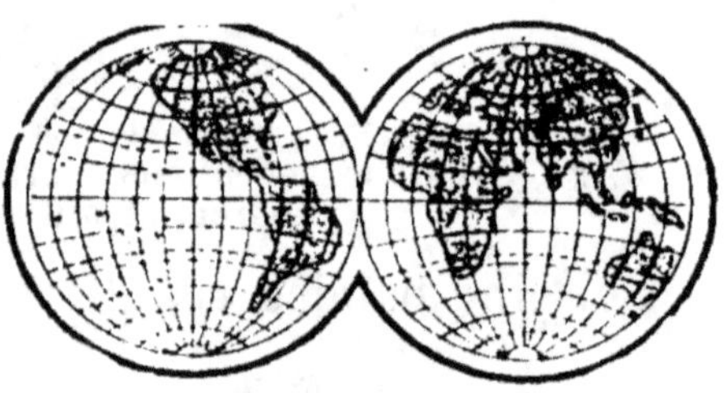

Mappemonde.

au haut et le pôle sud au bas. Mais ce dessin montre la Terre divisée en deux hémisphères, parce qu'il serait impossible de voir sur le papier le globe tout entier, tel qu'il est naturellement. Si l'on voulait dessiner le globe sans le diviser, la moitié de des-sus cacherait celle de dessous. Mettez, par exemple, cette pomme sur la table ; en voyez-vous toute la sur-face ? Non assurément. Mais coupons-la par la moitié, et mettons chacun des deux morceaux à plat sur la table ; à présent nous apercevons toutes les parties de la peau du fruit.

Voyez cette carte qui représente la Terre aussi, mais sans en rappeler du tout la forme arrondie : c'est un *planisphère*, qui a l'avantage d'offrir, d'un coup d'œil et d'une manière plus développée, les différentes parties du globe. Pour le faire, on a enlevé, en quelque sorte, à la Terre sa surface, et on l'a étendue à plat sur le papier, en agrandissant démesurément les régions voisines des pôles.

On oriente ordinairement des cartes de manière à mettre le nord en haut, le sud en bas, l'est à droite, et l'ouest à gauche.

QUESTIONNAIRE. Qu'est-ce qu'un globe artificiel? — Qu'est-ce que l'axe? — les pôles? — l'équateur? — Qu'appe le-t-on hémisphère? — Où fait-il le plus chaud? — Où fait-il le plus froid? — Qu'est-ce que les méridiens? — Quels sont les principaux cercles parallèles à l'équateur? — Quelles sont les cinq zones? — Qu'est-ce qu'une mappemonde? — Pourquoi la partage-t-on en deux hémisphères? — Qu'est-ce qu'un planisphère? — Comment oriente-t-on ordinairement les cartes!

SIXIÈME ENTRETIEN.

TERMES GÉOGRAPHIQUES APPLIQUÉS AUX TERRES ET AUX EAUX.

Allons aujourd'hui faire une promenade sur les bords du grand étang. C'est un des endroits que j'aime le plus, à cause de la fraîcheur agréable qu'on y éprouve, et parce qu'on trouve toujours un certain charme à jouir à la fois de la vue de la terre et de l'eau.

Vous découvrez déjà une partie de l'étang ; c'est la plus belle masse d'eau que vous ayez vue ; mais ne croyez pas que ce soit la plus grande qu'il y ait sur la Terre. I! y a des amas beaucoup plus grands, qu'on appelle des *lacs* ; et il en est d'autres beaucoup plus

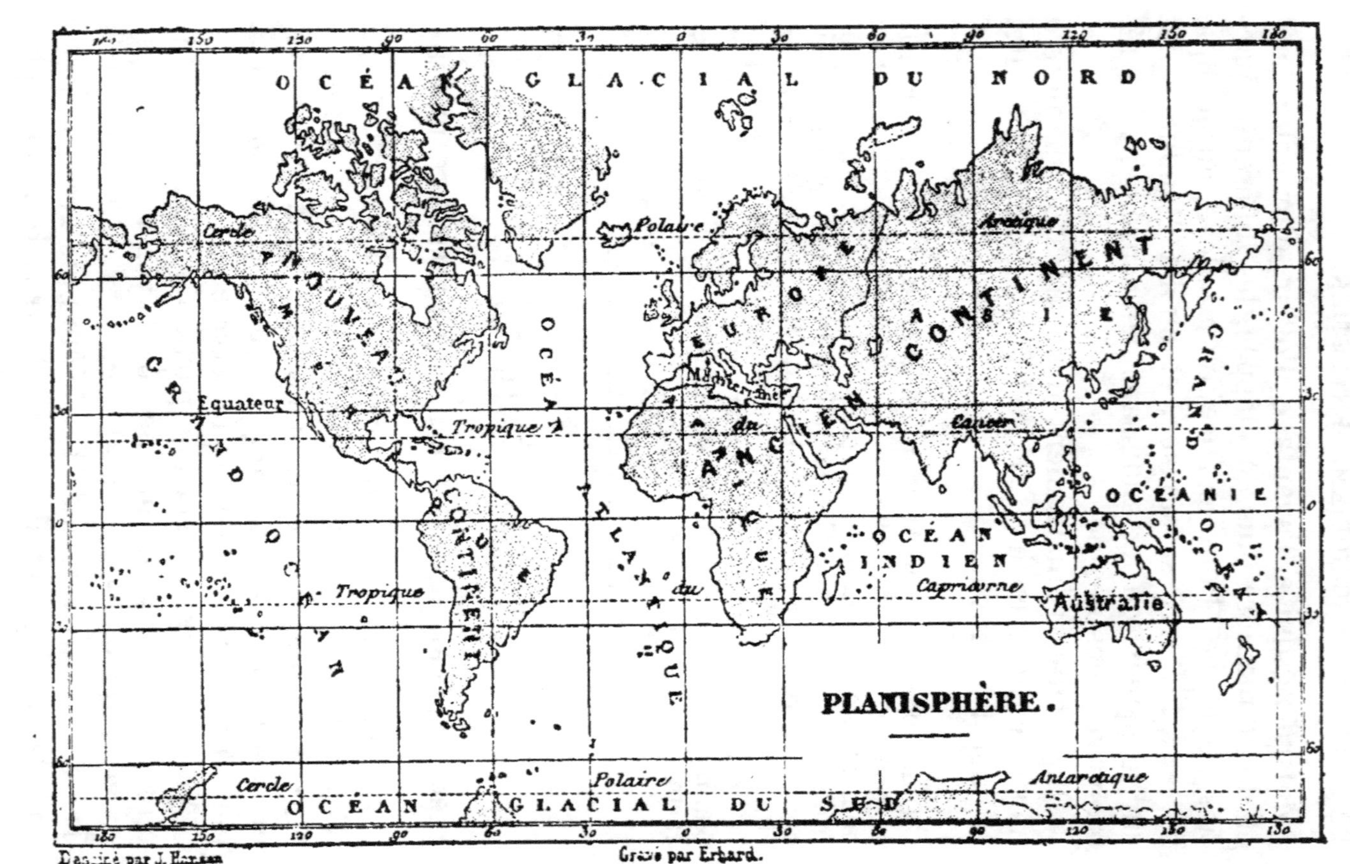
OCÉAN GLACIAL DU NORD
Cercle Polaire
Arctique
EUROPE
ANCIEN CONTINENT
NOUVEAU
Méditerranée
Equateur
Tropique du Cancer
AFRIQUE
du
OCÉAN ATLANTIQUE
CONTINENT
OCÉANIE
OCÉAN INDIEN
Tropique du Capricorne
Australie
GRAND OCÉAN
PLANISPHÈRE.
Cercle Polaire
Antarctique
OCÉAN GLACIAL DU SUD
Dessiné par J. Hanau.
Gravé par Erhard.

vastes que les lacs : ce sont les *mers* et les *océans*, dont l'eau n'est pas douce, comme celle-ci, mais salée et amère.

Regardez cette carte du globe terrestre ; remarquez d'abord les parties représentant les terres : vous y distinguez trois espaces beaucoup plus grands que

Lac.

tous les autres ce sont les trois *continents*. — Vous voyez que les *océans* et les *mers* occupent plus de place que les terres, et vous serez effrayé si je vous dis qu'il faut deux ou trois mois pour parcourir, même avec un excellent navire, quelques-unes de ces grandes masses d'eau, tandis que nous franchissons l'étang en dix

minutes avec notre petit bateau. L'amas d'eau qui est
là sous nos yeux est si peu de chose sur le globe, qu'il
ne pourrait être représenté sur cette carte que comme
un petit point à peine visible.

Cependant notre étang sera pour nous aujourd'hui
une petite mer, et je vais vous y montrer différentes

Mer agitée.

choses qui pourront vous faire comprendre un peu ce
qu'est la mer véritable. Promenons-nous donc sur ses
bords, que nous comparerons aux *côtes* de la mer.

Remarquez-vous d'abord ces inégalités que le vent
fait naître sur la surface de l'eau, et qui viennent
mourir sur le bord avec un certain bruit? Ce sont de
petites *vagues*, de petits *flots*, des *ondes*. Le vent cause

des agitations de ce genre sur la mer, mais elles sont énormes et effrayantes ; elles se précipitent sur les côtes avec une sorte de grondement terrible ; elles s'entrechoquent en écumant, et l'on dirait des montagnes d'eau qui roulent les unes contre les autres.

Ce petit terrain couvert de verdure qui s'élève au milieu de l'étang, et où nous ne pouvons aller qu'en bateau, est une *île*. Il y en a aussi dans la mer, et de bien plus grandes. Souvent il s'en trouve des *groupes* d'une dizaine, d'une vingtaine et davantage ; c'est alors ce qu'on nomme un *archipel*.

Vous remarquez là-bas cet autre terrain qui s'avance beaucoup dans l'étang et qui est entouré d'eau presque de tous côtés : c'est une *presqu'île* ou *péninsule*, et le petit espace étroit par lequel on peut y arriver à pied est un *isthme*. Nous sommes maintenant sur un rocher qui s'avance plus dans l'eau que les autres parties du bord situées près de nous : c'est un *cap* ou un *promontoire*, ou, si vous aimez mieux, une *pointe*. Entre le cap où nous sommes et cet autre qui est un peu plus loin, il y a un espace où l'eau pénètre assez avant dans la terre : cet avancement est un *golfe*. En voilà un second un peu moins étendu, qui est une *baie* ; un troisième moins considérable encore, et que nous appellerons une *anse* ou une *rade ;* enfin cet autre si bien enfermé entre trois côtés du bord, que le vent ne pourrait pas facilement en faire sortir le bateau, lors même qu'il ne serait pas retenu par une corde, c'est un petit *port*, ou, si l'on veut, un petit *havre*. On trouve de tout cela sur les côtes de la mer, mais en grand.

Avant de quitter l'étang, remarquez l'espace étroit qui se trouve entre l'île et la presqu'île que je vous montrais tout à l'heure : c'est un *détroit*.

Remarquez aussi ces rochers qui s'élèvent du milieu

de l'eau dans cet endroit, et qui rendraient là le passage
de notre bateau très-difficile, surtout s'il faisait un
grand vent et des vagues assez fortes: ce sont des
écueils, des *récifs* ou des *brisants*; quand on en rencontre de semblables dans la mer, ils offrent de sé-
rieux périls aux vaisseaux. Un peu plus loin, vous
voyez un amas de sable qui s'élève un peu au-dessus

Baie.

de l'étang, et dont vous distinguez même le prolonge-
ment sous la surface limpide de l'eau : c'est un *banc
de sable*, qui pourrait faire engraver très-dangereuse-
ment notre canot.

Nous voici arrivés à *l'embouchure* de la petite *rivière*
qui vient former l'étang, c'est-à-dire à l'endroit même
où elle se jette dans l'étang. Ce sont ses eaux qu'on a ar-
rêtées par la chaussée que vous apercevez là-bas, et

en s'amoncelant elles ont enfin produit la masse liquide que nous voyons. Elles déborderaient par-dessus
la chaussée, si l'on n'avait établi à côté de celle-ci
un passage par lequel elles s'écoulent. .

Remontons le long de cette rivière. Les rives en
sont agréablement ornées de saules et de peupliers;
l'eau est limpide, et l'on voit facilement le fond de

Cascade.

sable et de gravier sur lequel elle roule doucement.
Mais voici un endroit où elle coule très-rapidement
et très-bruyamment sur les cailloux: elle devient un
torrent; elle tombe avec fracas du haut d'une masse
de rochers : c'est une *cascade*. N'aimez-vous pas le
murmure de cette chute d'eau, qui interrompt seul ici
le silence de la campagne?

C'est une chute bien petite, comparée à celles qu'on

it dans beaucoup d'autres lieux; il y a de fortes rivières qui se précipitent avec un bruit terrible d'une hauteur bien plus grande que celle-là : ce sont alors les *cataractes*, et l'aspect en est magnifique.

Profitons de ce petit pont pour passer de l'autre côté de la rivière. Nous étions sur la *rive droite*, nous allons maintenant nous trouver sur la *rive gauche*.

Vous me demandez à quoi l'on reconnaît la rive droite et la rive gauche. Le voici : Figurez-vous que la rivière est quelqu'un qui marche et descend, et supposez-lui une main droite et une main gauche. Le côté droit et le côté gauche de la rivière sont précisément à la droite et à la gauche d'une personne qui a la figure tournée dans la direction où elle coule. Ainsi, nous sommes maintenant au milieu du pont; nous nous tournons du côté de l'étang où va se jeter la rivière; vous voyez l'eau descendre là-bas devant nous : eh bien! à notre droite est la rive droite de la rivière, à notre gauche est la rive gauche.

Voici un autre cours d'eau qui est *affluent* de celui-ci, c'est-à-dire qui vient s'y jeter. Il est plus petit : ce n'est qu'un *ruisseau*. Vous voyez l'endroit où il mêle ses eaux à celles de la rivière : c'est ce qu'on appelle un *confluent*.

Ce ruisseau est assez étroit pour que nous le franchissions en sautant. Nous ne pourrions pas traverser la rivière de la même manière, car elle est trop large. Mais il y a des cours d'eau bien plus grands encore que cette rivière, que nous avons passée sur un pont de deux petites arches. Il y en a sur lesquelles on a bâti des ponts de dix, quinze, vingt grandes arches et même davantage.

La rivière que nous avons suivie se jette, loin au-dessous de l'étang, dans une grande rivière, ou plutôt dans un *fleuve*, qui coule pendant bien longtemps, et qui a enfin son *embouchure* dans la mer. Nous pouvons voir ce fleuve sur ma carte du globe; mais notre rivière et notre ruisseau sont trop petits pour qu'on puisse les y marquer.

Évitons cette espèce de prairie, qui n'est pas formée de jolis gazons fins comme les autres, mais qui est

Ruisseau.

remplie de grandes herbes dures, de joncs et de roseaux; les eaux y séjournent tristement, car il n'y a pas assez de pente pour qu'elles puissent s'écouler; on y rencontre partout de grandes fondrières : c'est un *marais;* il en sort des vapeurs malsaines. On a commencé un grand fossé pour recevoir les eaux stagnantes et dessécher un peu cet endroit; ce fossé est ce qu'on appelle un *canal.* On fait souvent d'autres canaux plus grands que celui-là et qui servent à porter des bateaux ; ils sont comme de grandes rivières qui n'auraient pas de mouvement.

Éloignons-nous de ce marais, et remontons notre joli petit ruisseau. Dans une heure, nous serons à l'endroit où il commence.

Admirez les deux pentes si vertes, si bien cultivées, entre lesquelles nous marchons maintenant. Nous sommes dans une *vallée* ou plutôt dans un *vallon*, car une vallée est plus grande que cela. Le ruisseau coule au milieu.

Nous nous trouvons dans un endroit où le vallon se rétrécit beaucoup. Il n'y a juste assez d'espace que pour le cours du ruisseau et pour le petit sentier que nous suivons. Voyez comme nous sommes étroitement resserrés entre le rocher escarpé et le bord de l'eau. Ce passage est un petit *défilé*.

Nous sommes enfin au haut du vallon, car nous voilà parvenus à l'endroit où commence notre ruisseau ; l'eau sort limpide et pure de cette petite grotte formée par les rochers ; c'est la *source* du ruisseau. Cette eau va entreprendre un bien long voyage : elle s'écoulera dans la *rivière* que nous avons vue tout à l'heure ; la rivière la portera dans le *fleuve* dont je vous parlais, et le fleuve ira l'engloutir dans la mer par plusieurs *embouchures* ou, si l'on veut, par plusieurs *bouches*. L'espace renfermé entre ces bouches et qui est formé de gras et riches terrains entraînés par le fleuve, s'appelle un *delta*, parce qu'il ressemble à la lettre grecque (Δ) qui porte ce nom.

Montons encore quelques pas. Nous nous trouvons maintenant sur un terrain élevé et plat qu'on appelle un *plateau* : l'air y est plus vif et il y fait plus frais que dans la *plaine*, ce grand espace plat aussi, mais

bas et verdoyant, que vous voyez là-bas, à droite, sur
les bords de la rivière et qui est couvert de riches
prairies.

N'allez pas croire que toutes les plaines soient fertiles et riantes, comme celle-ci; il y en a de fort
tristes et de fort nues : tenez, regardez à gauche ce
terrain qu'on appelle la *lande* de Sablonnière, espace
plat aussi et sans aucune habitation, sans arbres, qui

Le désert.

n'a pour toute végétation que quelques genêts et de
sèches bruyères; c'est un petit *désert*. Il y a, dans certaines contrées, surtout dans les pays chauds, des déserts très-vastes et que l'on met plusieurs mois à fran-
chir, en ne rencontrant que des sables arides ou des
terrains rocailleux, sans eau, sans abri. Quelquefois
cependant un petit espace rafraîchi par quelque source
et orné de verdure, d'un bouquet d'arbres, vient surpren-

dre agréablement le voyageur au milieu de si affreuses solitudes ; ces cantons fertiles isolés dans les déserts s'appellent *oasis*.

La lande que vous voyez se prolonge par une espèce de langue de sable jusqu'à l'étang ; le vent agite souvent ce sable ; il l'a amoncelé, comme vous pouvez le distinguer d'ici, en faibles hauteurs le long de la rive : c'est l'image, en petit, des *dunes* que les vents élèvent sur les côtes de la mer et qui sont souvent considérables.

Avant de quitter la belle vue dont nous jouissons d'ici, remarquez, je vous prie, que la rivière qui forme l'étang et qui en sort reçoit plusieurs ruisseaux ; que ceux-ci, à leur tour, se grossissent de ruisseaux plus petits. Eh bien, tout cet ensemble des eaux qui se réunissent dans la rivière, et des terrains qu'elles arrosent, forme le *bassin* de cette rivière ; une large ceinture de hauteurs l'environne. — Il y a, de même, des *bassins de fleuve* et qui sont bien plus grands.

Tout en parcourant notre plateau, nous sommes arrivés au pied d'une hauteur, que nous pourrons gravir facilement : d'un côté, cependant, elle est escarpée et n'offre que des *flancs* presque inabordables ; prenons plutôt, pour y monter, ce *revers* en pente douce qu'on appelle la *côte* ou le *coteau* de Bienassis, et avançons-nous vers son point le plus haut.

Nous y voilà : c'est le *sommet* ou la *cime* de cette éminence, fort médiocre d'ailleurs et qui n'est qu'une *colline*, un *monticule*. Nous ne sommes là qu'à environ 200 mètres au-dessus de l'étang, qui est lui-même à 200 mètres au-dessus de la mer ; ainsi, nous nous trouvons à 400 mètres d'*altitude*, car on appelle ainsi l'élévation d'un point au-dessus du niveau de la mer.

Un autre jour, je vous ferai faire l'ascension de la hauteur bien plus grande que vous voyez dans le lointain et qui est une vraie *montagne*, un *mont* digne de ce nom. Son sommet est à 1000 mètres d'altitude.

De notre modeste sommet, la vue s'étend fort loin cependant : vous remarquez que la colline où nous sommes tient à une autre colline, que cette seconde touche à une troisième, et que plusieurs autres

Chaîne de montagnes.

sont la continuation de celle-ci. C'est une *chaîne de collines*. Il y a, de même, des *chaînes de montagnes*, très-vastes, très-imposantes, avec des sommets majestueux, élancés dans les nues, couverts de neiges éternelles et de glaciers, et formant des *pics*, des *aiguilles*, d'un aspect magnifique.

La suite des sommets des collines qui composent

cette chaîne, s'appelle *l'aréte* ou la *créte* de la chaîne, et les pentes de celle-ci, que vous voyez au loin toutes tapissées de vignobles, de vergers, de jolis bois et de gaies maisonnettes, en sont les *versants*. Les chaînes de montagnes aussi ont leurs versants, et bien plus étendus, bien plus difficiles à gravir.

Volcan. (*Le Vésuve.*

Ce nom de *versant* s'applique même à de vastes régions tout entières, pour désigner tel ou tel espace de pays qui est incliné vers telle ou telle mer.

Les montagnes, se sont probablement soulevées du sein de la Terre, par l'effet de la grande chaleur qui règne dans l'intérieur du globe elles sont une des choses les plus intéressantes de la géographie, et on ne

3

se lasse pas de les examiner, de les étudier. Les plus curieuses peut-être sont celles qu'on appelle *volcans*, et dont un jour sans doute vous visiterez quelques-unes ; mais il n'y en a pas dans notre pays. Les volcans sont en communication directe avec les parties brûlantes des entrailles de la Terre, et rejettent, par une large bouche nommée *cratère*, des flammes, des cendres, des gaz, des matières minérales fondues appelées *laves*, et toutes sortes d'autres substances qui annoncent que nous habitons au-dessus d'un foyer ardent.

QUESTIONNAIRE. Qu'est-ce qu'un continent? — **une île?** — un archipel? — une presqu'île? — un isthme? — une côte? — un promontoire, un cap ou une pointe? — Qu'est-ce que la mer? — Quelle différence y a-t-il entre un océan et une mer? — Qu'est-ce qu'un golfe? — une baie? — une anse? — une rade? — un port ou havre? — un détroit? — un lac? — un marais? — un étang? — un fleuve? — une rivière? — un ruisseau? — un torrent? — la source et l'embouchure d'un cours d'eau? — les bouches? — un delta? — un confluent? — Qu'est-ce que les affluents d'un fleuve? — le bassin d'un fleuve? — Comment distingue-t-on la rive droite et la rive gauche d'un cours d'eau? — Qu'est-ce qu'une cascade?— une cataracte? — Qu'est-ce qu'un canal?— Qu'appelle-t-on écueils, récifs ou brisants? — Qu'est-ce qu'une plaine? — une lande? — un désert? — une oasis? — une montagne? — une colline? — une chaîne de montagnes? — le sommet et le pied des montagnes? — l'arête ou la crête d'une chaîne de montagnes? — les revers ou versants? — un volcan? — une vallée? — un vallon?

SEPTIÈME ENTRETIEN.

TERMES APPLIQUÉS AUX GROUPES D'HABITATIONS. PARTIES DU MONDE ET GRANDES MERS.

Nous avons fait notre dernière promenade dans des endroits solitaires. Aujourd'hui je vous conduirai vers les lieux habités. Allons voir les bons cultivateurs du voisinage. Vous apercevez déjà la chaumière d'un laboureur : la mère file à la porte, les enfants jouent devant elle sur le gazon : l'aîné apprend à labourer avec son père, qui travaille pour les nourrir tous.

Le père, la mère et les enfants font une famille ; le père en est le chef ; tous dorment sous le même toit ; le même pain les nourrit ; ils se prosternent ensemble pour louer Dieu chaque matin et chaque soir d'une

Hameau.

commune voix. Ils sont étroitement unis : si l'un est pauvre, son voisin le soulage ; s'il est malade, il le console ; si une famille est infortunée, tous sont affligés ; et si elle est heureuse, tous sont contents.

Plusieurs maisons sont bâties les unes à côté des autres. Comptez-les ; en voilà dix. Elles composent un *hameau*. Plusieurs familles y vivent paisiblement ; elles se rencontrent dans les sentiers et sur la verdure ; elles partent ensemble pour le marché, chacune avec ses provisions. Entendez-vous la cloche qui appelle ces braves gens à la maison de Dieu? Nous serons bientôt arrivés à l'église; son haut clocher s'aperçoit au loin au-dessus des arbres. Il y a là plus de maisons que dans le hameau : on peut en compter une vingtaine, une trentaine même. Voici celle qu'habite le curé; cette autre est le séjour du maire. Tout ce groupe de maisons forme un *village;* avec les hameaux qui en dépendent, il compose une **commune.**

Village.

Tournons de ce côté ; dans une demi-heure nous trouverons une autre réunion de maisons. Déjà vous en distinguez quelques-unes. Beaucoup de gens se rendent vers ces maisons avec des fardeaux et du bétail : c'est le jour du marché.

Entrons avec eux dans l'endroit : il y a ici bien plus de mouvement que dans le village que nous venons de quitter. Voilà des boutiques d'épiciers, de boulangers, de cordonniers, et beaucoup d'autres ; il s'y fait plus de commerce, et il y a trois ou quatre fois plus d'habitants. Cependant, je suis sûr que vous préférez le hameau, avec son apparence tranquille et ses petites chaumières. Le lieu où nous sommes est un *bourg*. S'il y avait un plus grand nombre de maisons, ce serait une *ville* ou une *cité*. Il y a des villes qui ne sont

Ville.

pas beaucoup plus considérables que ce bourg ; mais il y en a aussi de bien plus grandes ; et Paris, par exemple, qui est la principale ville de la France, contient environ mille fois autant d'habitants.

Beaucoup de villages, de bourgs et de villes soumis aux mêmes lois, forment un *État*. Tous les habitants s'appellent compatriotes ; ils parlent la même langue ;

ils font ensemble la guerre et la paix. Cet État est tantôt une *république*, tantôt un *royaume*, tantôt un *empire*. La France, par exemple, est un empire, la Belgique un royaume, la Suisse une république.

Tous les royaumes, tous les empires, tous les pays, composent les cinq parties du monde, qui comprennent les continents et les îles.

Vous distinguez, dans le haut de la carte, une partie du monde qu'on nomme *Europe*. Elle est dans le nord-ouest du plus grand continent.

Vous en remarquez une autre plus étendue, qui occupe l'est de ce continent : c'est l'*Asie*.

Une troisième est dans le sud du même continent : elle s'appelle *Afrique*.

La quatrième est l'*Amérique*, qui forme à elle seule un continent, et qui s'allonge beaucoup du nord au sud. Elle est divisée en deux masses distinctes, qu'on nomme *Amérique septentrionale* et *Amérique méridionale*.

La cinquième est l'*Océanie*, formée d'un grand nombre d'îles éparpillées çà et là, et d'un petit continent appelé *Australie*.

Ces parties du monde sont baignées par les océans et les mers. Vous remarquez ici le *Grand océan* ou *océan Pacifique*, qui entoure presque toutes les terres de l'Océanie, et qui s'étend entre l'Asie et l'Amérique. — Entre l'Europe et l'Afrique, d'un côté, et l'Amérique, de l'autre, vous voyez l'*océan Atlantique*. — L'*océan Indien* est au sud de l'Asie.

On donne le nom d'*océan Glacial* à l'océan qui entoure le pôle nord et à celui qui entoure le pôle sud. C'est l'océan Glacial *arctique*, d'un côté, et l'océan Glacial *antarctique*, de l'autre.

Grande ville.

Vous remarquez une mer, longue et peu large, qui s'enfonce entre l'Europe, l'Afrique et l'Asie : c'est la *Méditerranée*.

QUESTIONNAIRE. Qu'est-ce qu'un hameau? — un village? — un bourg? — une ville ou cité? — Qu'est-ce qu'un État? — un royaume? — un empire? — une république? — Quelles sont les cinq parties du monde? — Quelles sont les principales divisions de la mer?

HUITIÈME ENTRETIEN.

LATITUDE, LONGITUDE.

Nous allons désormais voyager sur le globe et sur les cartes à travers les parties du monde et les mers dont vous connaissez maintenant les noms et la position générale; nous y verrons un grand nombre d'endroits. Cependant je veux auparavant vous parler d'un moyen très-ingénieux dont on se sert pour déterminer la situation des lieux sur la Terre. Suivez donc attentivement mon explication, qui est un peu plus difficile que les précédentes.

Remarquez cette table : elle est plus étendue dans un sens que dans un autre. Comment appelez-vous la plus grande dimension de la surface? — Longueur. — Et la plus petite dimension? — Largeur. Eh bien, souvenez-vous qu'en latin longueur se dit *longitudo* (dont on a fait le mot longitude), et que, dans la même langue, largeur se dit *latitudo* (francisé en latitude). On emploie ces deux expressions pour désigner les dimensions de la Terre; sa longueur a été appelée longitude, et sa largeur latitude.

Cependant, me direz-vous, la Terre est ronde, elle n'est pas plus étendue dans un sens que dans un autre, et, par conséquent, ces expressions ne paraissent pas bien choisies, car il n'y a pas de longueur et de largeur sur un globe. Cela est vrai; mais les anciens, qui ont appliqué les premiers ces dénominations à la Terre, il y a environ deux mille ans, ne connaissaient pas, à beaucoup près, le globe entier. Les pays qu'ils

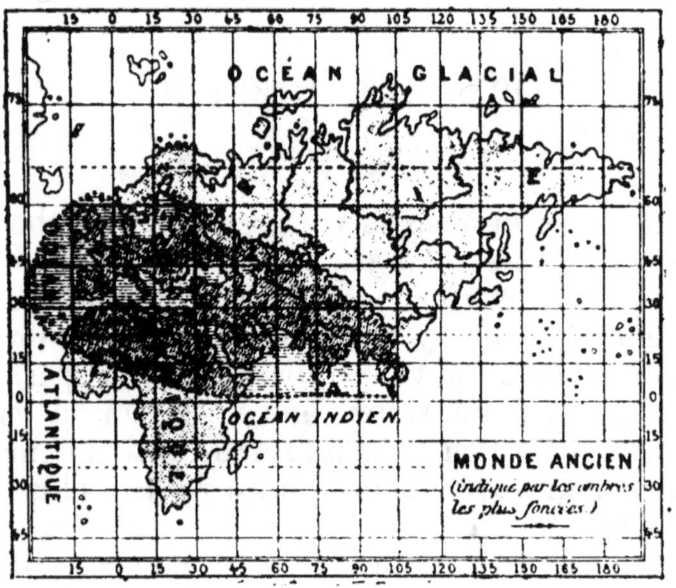

avaient parcourus et qu'ils dessinaient sur leurs cartes, formaient une plus grande étendue de l'est à l'ouest que du nord au sud. Ils ont donc appelé *longitude* la dimension des terres connues de l'est à l'ouest, et *latitude* la dimension de ces terres du nord au sud ; on a conservé ces dénominations, après même qu'on eut découvert un grand nombre de pays qui ne les rendaient plus justes.

On dit donc que la *latitude* est la dimension de la Terre du nord au sud, et la *longitude* sa dimension de l'ouest à l'est.

La latitude est divisée par l'équateur en deux parties, *latitude nord* et *latitude sud*.

On partage de même la longitude en deux parties, *longitude est* et *longitude ouest*, au moyen de l'un des nombreux méridiens que vous connaissez maintenant : pour cela, on en choisit un qu'on nomme *premier méridien*. Les Français ont pris dans ce but le méridien qui passe à l'Observatoire de Paris, et c'est celui que vous voyez marqué par un zéro et un peu plus gros que les autres sur votre globe et votre mappemonde; mais les Anglais ont adopté de préférence le méridien de leur Observatoire principal, qui est près de Londres. Les Allemands ont conservé

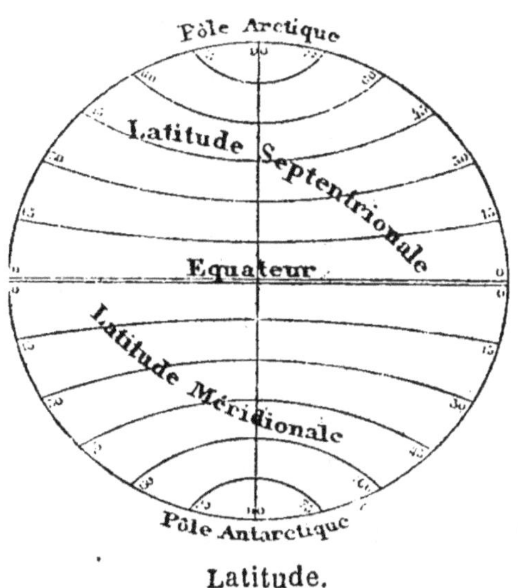

Latitude.

un premier méridien qu'on avait autrefois choisi parce qu'il passe par le lieu où commençaient à l'ouest les connaissances des anciens : ce méridien est celui de l'île de Fer, une des Canaries, que vous voyez placées à côté de l'Afrique, dans l'océan Atlantique. Les autres nations ont accepté généralement l'un de ces méridiens. Il serait préférable qu'il n'y en eût qu'un seul universellement adopté.

Maintenant remarquez que la longitude est coupée

en plusieurs tranches par les méridiens qui sont marqués à droite et à gauche du premier, et ils portent des numéros qui sont bien utiles pour indiquer la situation des lieux dans telle ou telle longitude. Pour comprendre ces numéros, il faut que vous sachiez qu'on est convenu de diviser la Terre, comme tout ce qui est circulaire, en 360 degrés; il y en a donc 180 pour la longitude est, et 180 pour la longitude ouest; à chaque méridien tracé, on inscrit le degré de longitude où il se trouve, par exemple, au 15e, au 30e, si on les espace de 15 en 15; ou bien au 10e, au 20e, etc., si on les espace de 10 en 10, et l'on voit tout de suite, par conséquent, à quelle longitude sont tous les lieux par où passe tel méridien.

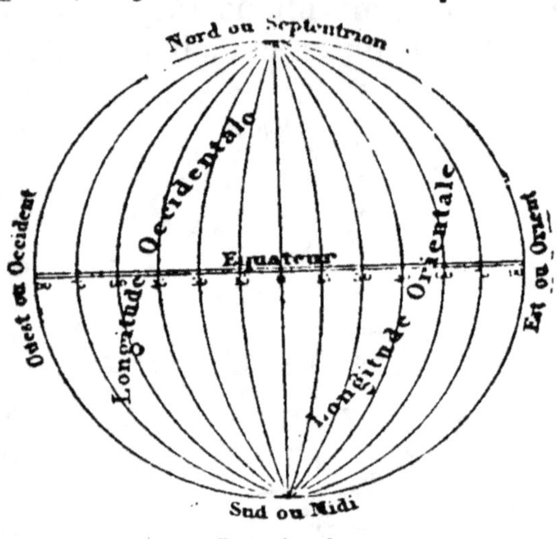

Longitude.

De même, la latitude est coupée en plusieurs tranches par les parallèles; à chaque parallèle tracé, vous voyez un numéro, par exemple, 15, 30, 45, ou 10, 20, etc., suivant qu'on espace ces cercles de 15 en 15 ou de 10 en 10; et l'on s'arrête au pôle, qui est au 90e degré. L'équateur, comme point de départ, est marqué zéro. Il y a donc, en latitude, seulement 180 degrés : 90 pour la latitude nord, et 90 pour la latitude sud.

Voulez-vous savoir la situation d'un lieu en latitude?

Voyez sous quel parallèle il est placé; le numéro de ce parallèle indique cette latitude.

Sur les cartes très-détaillées, cela est fort commode, car les degrés sont tous nommés; il n'y a que l'intervalle d'un degré entre les parallèles dessinés, et même on y indique les minutes; vous saurez, en

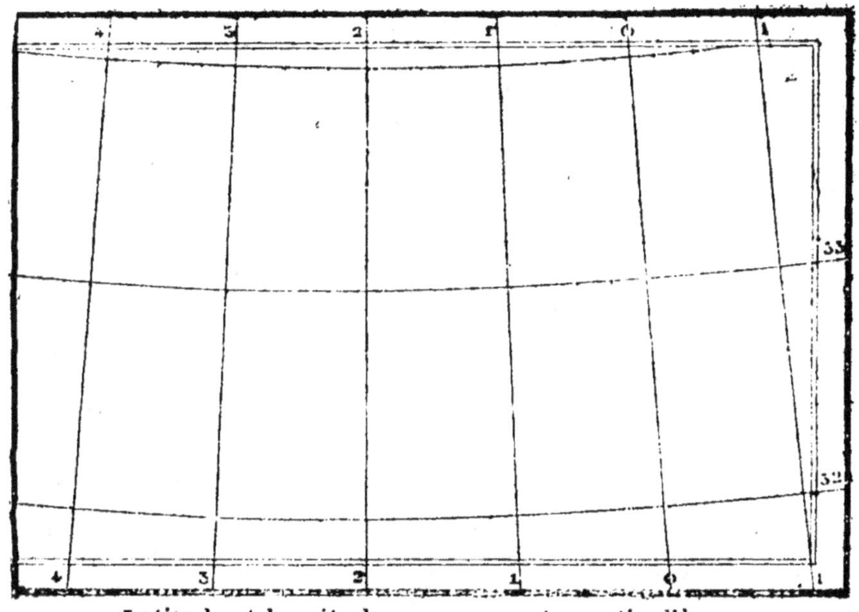

Latitude et longitude sur une carte particulière.

effet, qu'un degré, comme une heure, se divise en 60 minutes. On peut donc dire, en consultant une bonne carte, que tel endroit est à tant de degrés et tant de minutes de latitude nord ou sud; de même on dira facilement qu'il est à tant de degrés et tant de minutes de longitude est ou ouest.

Questionnaire. — Qu'est-ce que la latitude? — Qu'est-ce que la longitude? — D'où viennent ces expressions? — Quel est le cercle qui divise la latitude en deux parties? — Quel est le cercle qui divise la longitude en deux parties? — Combien y a-t-il de degrés dans chacune des deux latitudes? —

Combien y a-t-il de degrés dans chacune des deux longitudes?
— Comment trouve-t-on, sur la carte, la situation d'un lieu
en latitude et en longitude?

NEUVIÈME ENTRETIEN.

RACES D'HOMMES, DIFFÉRENTS DEGRÉS DE CIVILISATION.

Les hommes fourmillent sur le globe, comme les
fourmis sur le petit monticule qu'elles ont construit.
Les uns sont noirs, d'autres jaunes, basanés, olivàtres
ou rougeâtres; enfin il y en a de
blancs, vous le savez, car c'est
la race à laquelle nous apparte-
nons. Cette race *blanche* habite
surtout l'Europe, l'ouest de l'A-
sie et le nord de l'Afrique, et elle
ne tardera pas à occuper toute
l'Amérique, dont les habitants
indigènes forment une race généralement *rouge*, diminuant
tous les jours. A mesure qu'on
s'avance dans des contrées chaudes, on observe que le teint de

Race blanche.

la race blanche devient plus brun, à cause de l'ardeur
du Soleil; mais elle se reconnaît toujours à sa tête
ovale, à sa bouche peu fendue, à ses lèvres peu épaisses, à ses cheveux fins et soyeux.

Les hommes de la race *jaune* se font remarquer
par leur visage large et plat, leur tête à peu près
ronde, leur bouche très-fendue, leur nez écrasé, les
pommettes très-saillantes de leurs joues, leurs yeux
très-longs, mais fort étroits et relevés du côté des tem-
pes. Ils ont peu de cheveux; et ces cheveux sont

noirs, lisses et raides. Cette race se trouve principalement dans l'Asie orientale.

Race jaune.

Race rouge.

Race noire.

Les hommes *noirs*, qu'on appelle aussi les *nègres*, ont le front aplati, les mâchoires très-avancées, les lèvres grosses, les dents fort longues, la bouche grande, le nez large et épaté ; leurs cheveux sont laineux, noirs et épais. Ils peuplent une grande partie de l'Afrique et le sud de l'Océanie.

Les mœurs et les habitudes des différentes populations répandues sur la Terre sont aussi variées que leurs apparences. Vous observez autour de vous mille travaux, mille conditions, que ne connaissent pas les hommes des climats éloignés. Vous voyez ici les divers habitants s'occuper de la culture des champs, du jardinage, de la construction des maisons, de la menuiserie, de la charpenterie ; il y a des serruriers, des tailleurs, des marchands de toutes sortes de choses dont nous avons besoin pour nous nourrir, nous vêtir ou même nous amuser ; plusieurs consacrent leur temps à la peinture, à la musique ; quelques-uns pratiquent l'art savant de la médecine, ou se livrent à l'étude d'autres sciences, comme le droit, l'histoire, la géographie, l'astronomie. C'est ainsi que s'occupent les hommes qui composent les *peuples*, les *nations* civilisées, comme les Français, les Anglais, les Allemands, etc.

Mais il y a loin d'ici beaucoup d'hommes sauvages

Campement d'une tribu.

qui n'ont aucune idée de telles occupations. Ce sont des *peuplades*, des *hordes*, des *tribus*, qui errent à l'aventure à travers les campagnes incultes et les forêts, ou le long des fleuves et des côtes de la mer; et elles se nourrissent du gibier de leur chasse, du poisson de leur pêche, des fruits qui pendent aux arbres; ou bien elles conduisent de pâturage en pâturage des troupeaux de moutons, de chèvres et d'autres animaux dont elles boivent le lait et dont elles mangent la chair. Ces hommes qui passent ainsi leur vie à errer avec leurs troupeaux sont des *nomades*. Malheureusement ils ne se contentent pas toujours du produit de leurs animaux : s'ils aperçoivent quelques troupes de voyageurs qui ont à traverser leurs déserts, ils les attaquent souvent, et les pillent sans pitié.

Quand le soir est venu, ou que le mauvais temps s'annonce, les hommes sauvages se construisent promptement une hutte de branches et de feuillages, ou bien ils s'enfoncent dans des cavernes, habitations toutes préparées par la nature au milieu des rochers, ou bien encore ils fixent dans le sol des pieux sur lesquels ils déploient des peaux d'animaux ou des étoffes grossières, et ils forment ainsi ce qu'on appelle des *tentes*. C'est là qu'ils s'abritent pendant la nuit ou pendant l'orage, et ils goûtent dans cette simple demeure un repos aussi heureux que s'ils habitaient les plus magnifiques châteaux, les plus délicieux appartements.

Les hommes civilisés, tels que ceux qui peuplent notre beau pays de France, ont sans doute beaucoup d'avantages que n'ont pas les sauvages ; et le premier de tous est de connaître Dieu, tandis que ces hommes plongés dans l'ignorance adorent souvent comme divinité un oiseau, un lion, un tigre, ou le Soleil, ou la Lune, ou quelque autre chose qu'ils admirent ou qu'ils craignent, mais qui n'est pas Dieu. Que notre civilisation ne nous rende pas trop vains cependant, et ne méprisons pas ces pauvres sauvages, d'abord parce que Dieu ne veut pas que nous ayons du mépris pour nos semblables, et ensuite parce que ces hommes simples nous sont réellement supérieurs dans différentes choses : ils courent avec une agilité qui nous est inconnue ; ils poursuivent et prennent les animaux des forêts avec une adresse dont nous sommes incapables ; ils sont beaucoup plus robustes que nous, plus endurcis aux fatigues, aux intempéries des saisons : ils se tireraient mieux d'affaire que nous s'ils étaient abandonnés seuls dans une île déserte.

Ce qui nous révolte le plus dans les peuplades sauvages, c'est la férocité de leurs mœurs : elles se font des guerres sanglantes ; on en voit qui dévorent leurs prisonniers et qui parent horriblement leur demeure avec les os et la chevelure de leurs ennemis massacrés. Mais les hommes civilisés ont également bien des reproches à se faire. Ils se livrent aussi quelquefois des combats cruels ; et, ce qu'il y a de plus affreux, ils se rendent souvent complices de la barbarie des peuples qui ne sont pas civilisés. Ainsi, d'avides marchands de la race blanche viennent en Afrique acheter des nègres qui ont été pris à la guerre par quelque peuplade voisine, ou que leurs parents mêmes ne craignent pas de vendre ; ils les entassent au fond des vaisseaux, et les conduisent dans des pays où d'autres blancs les achètent : là, on les emploie, comme esclaves, à de pénibles travaux. C'est surtout en Amérique qu'on a emmené, en grand nombre, ces malheureux pour leur faire cultiver le sol.

Voilà un grand mal et une grande injustice. Mais cela disparaît peu à peu : l'esclavage tend à s'abolir sous l'influence de la civilisation européenne. Les nègres s'éclaireront, deviendront meilleurs, et ne vendront plus leurs frères ; les blancs, de leur côté, apprendront à être plus humains, et cesseront de faire l'affreux commerce de leurs semblables.

QUESTIONNAIRE. Quelles sont les principales races d'hommes ? — Quels sont les travaux des hommes civilisés ? —

Qu'est-ce qu'un peuple, une nation? — Qu'est-ce que les peuplades, les hordes, les tribus, les nomades? — Quelles sont leurs habitations et leurs mœurs?

DIXIÈME ENTRETIEN.

DISTRIBUTION DES PRINCIPAUX ANIMAUX SUR LA TERRE.

Les bestiaux paissent heureux dans la prairie. Voilà des bœufs et des vaches, qui sont les plus utiles soutiens du cultivateur. Ces moutons sont couverts d'une

Chèvre et Bouc.

belle laine, dont on fera des draps et d'autres vêtements chauds ; quelques chèvres vives et capricieuses les accompagnent. Des chiens fidèles et intelligents aident les bergers à garder ces nombreux troupeaux.

Voyez plus loin des chevaux superbes, qui parcourent la prairie avec rapidité.

Tous ces animaux sont domestiques ; ce sont les utiles compagnons des hommes. Les peuples civilisés s'en servent dans tous les pays du monde ; ils vivent bien sous tous les climats : on les élève dans les contrées froides et dans les contrées chaudes, comme dans nos régions tempérées.

Mais il y a des animaux qui ne se plaisent que dans

Singe.

les pays chauds : par exemple, les singes, si curieux par leur agilité, leurs grimaces ; les énormes éléphants, qu'on trouve en Asie et en Afrique ; les rhinocéros, presque aussi gros et qui habitent les mêmes pays ; les hippopotames, qui fréquentent surtout les fleuves de l'Afrique.

On voit dans ces deux parties du monde les lions, les tigres, les panthères, les léopards, redoutables par leur force et leur férocité; tandis que les seuls **grands ani-maux** de proie que nous ayons à craindre dans nos climats sont les loups et les ours; encore ne rencontre-t-on les ours que dans les plus hautes montagnes.

C'est seulement en Afrique qu'il faut aller chercher la girafe, si étonnante par sa taille gigantesque, son long cou, ses jambes de devant beaucoup plus hautes que celles de derrière; et le zèbre, espèce de cheval, dont la peau est si curieusement rayée.

Vous avez vu quelquefois des chameaux, dont la

Rhinocéros.

tournure est si disgracieuse, mais qui sont aussi dociles, aussi patients, aussi utiles qu'ils sont laids. Ils vivent principalement en Asie et en Afrique. Il y a, dans l'Amérique méridionale, des animaux qui ont du rapport avec eux, sans avoir leurs désagréables bosses ni leur taille élevée : ce sont les lamas, les vigognes, les alpacas, utiles, les uns pour le transport des fardeaux, les autres par leur belle laine. De tous les quadrupèdes des pays chauds, les plus extraordinaires peut-être sont les kangurous, assez grands animaux, qui ont les membres postérieurs beaucoup plus longs que ceux de devant, et qui marchent par énormes bonds. Les mères ont sous le ventre une poche, où leurs petits se retirent ; c'est aussi ce qu'on remarque chez le sarigue, dans l'Amérique du sud.

Si maintenant nous examinons les quadrupèdes des pays froids, nous les voyons presque. tous revêtus d'une peau à poils touffus et chauds, dont la Providence les a dotés pour les garantir de la rigueur du climat, et que nous recherchons pour faire d'excel-

Panthère.

lentes fourrures : ce sont les martres-zibelines, les hermines, les renards, les castors, les lynx, etc.

Pénétrons dans le bois où l'autre jour je vous ai appris à vous orienter. Les oiseaux voltigent de toutes parts ; vous entendez la musique vraiment délicieuse que font ces petits hôtes des bocages. Le rossignol les surpasse tous par la beauté de son chant ; le pinson, le merle, ont le ramage le plus gai. Le bouvreuil, la mésange, le chardonneret, ont le plumage le plus agréable et le plus varié.

Mais qu'y a-t-il? les voilà tous inquiets et agités ; ils poussent de petits cris de fureur. J'aperçois un oiseau de proie qui les menace : c'est un milan ou un vautour qui plane au-dessus du bois, et qui va fondre sur un d'eux pour le dévorer. La nuit, ils ont à craindre d'autres grands oiseaux qui ne chassent pas pendant le jour : ce sont les hiboux, les chouettes et les ducs.

Lama.

On voit dans les hautes montagnes des oiseaux de proie bien plus forts et plus terribles que ceux-là : il y a des aigles et des vautours, qui peuvent enlever des lièvres, des lapins et des agneaux.

Les pays chauds ont des oiseaux plus beaux que tous ceux que vous admirez ici. Les forêts de ces pays renferment, par exemple, un grand nombre de perroquets, dont le plumage est magnifique.

Les oiseaux de paradis, superbes aussi, ne vivent que dans l'Océanie.

En Amérique, on voit voltiger gracieusement, de fleur en fleur les colibris et les oiseaux-mouches, qui sont très-petits et ornés des plus ravissantes couleurs.

C'est de l'Asie que sont venus les paons, si remarquables par l'aigrette de plumes élégantes qui couronne leur tête et par les yeux brillants qui paraissent peints sur leur longue queue. C'est de la même partie du monde que sont sortis les faisans, dont les plus beaux sont les faisans dorés et argentés, originaires de l'orient de l'Asie.

Kangurou.

La gentille hirondelle, qui nous égaye par son vol léger et gracieux autour de nos maisons, passe l'hiver dans les pays chauds, et arrive dans les climats tempérés au printemps, ainsi que beaucoup d'autres oiseaux, qu'on appelle pour cela migrateurs (la grue, la cigogne, etc.).

L'autruche, qui est le plus gros des oiseaux, vit en

Afrique, dans le S. O. de l'Asie et dans l'Amérique méridionale.

Prenez garde, voici un serpent qui se glisse sous l'herbe. Il a passé trop vite pour que nous ayons eu le temps de reconnaître si c'est une couleuvre ou une vipère. Si c'est une couleuvre, nous n'avons rien à craindre; mais les vipères ont un venin très-dangereux.

Dans les régions chaudes, il y a bien plus de serpents redoutables que dans la nôtre : on y trouve par exemple les serpents boas, qui sont énormes et qui peuvent avaler des biches, des chèvres et d'autres animaux non moins gros, après leur avoir brisé les os dans leurs replis. Les serpents à sonnettes, en Amérique, ont un venin terrible, qui fait périr en quelques minutes.

Aigle.

Dans presque tous les fleuves des pays chauds il y a des crocodiles, espèces d'énormes lézards, dont la gueule est armée de dents nombreuses et fort longues.

Les reptiles des pays chauds ne sont pas tous aussi désagréables que ceux-là : il en est même de fort précieux pour l'alimentation et l'industrie de l'homme : telles sont les tortues, qui habitent tantôt la mer, tantôt les fleuves et les lacs, tantôt la terre, et dont le produit le plus intéressant est l'écaille.

Nous sommes revenus près de notre petite mer : voilà l'étang. L'eau est calme et pure ; on voit tous les poissons circuler dans l'eau avec rapidité ; remarquez les brochets, longs et voraces ; les perches, redoutables aussi pour les autres poissons, mais fort recherchées des pêcheurs comme un excellent aliment ; les carpes, à la couleur dorée ; les tanches, plus petites, et les anguilles, allongées comme des serpents. Nous n'avons pas de poissons aussi beaux que ceux des mers chaudes ; les plus magnifiques de tous sont peut-être les poissons volants, qui peuvent s'élever dans l'air au moyen de leurs nageoires faites en forme d'ailes ; on les trouve dans l'océan Atlantique, entre l'Afrique et l'Amérique méridionale.

Perroquet.

Les plus gros poissons sont les requins, qui habitent dans les mers profondes, et ordinairement loin des côtes.

N'allez pas prendre pour des poissons les énormes

animaux marins qu'on appelle baleines et cachalots ;
ces animaux sont des cétacés, qui ont la conformation

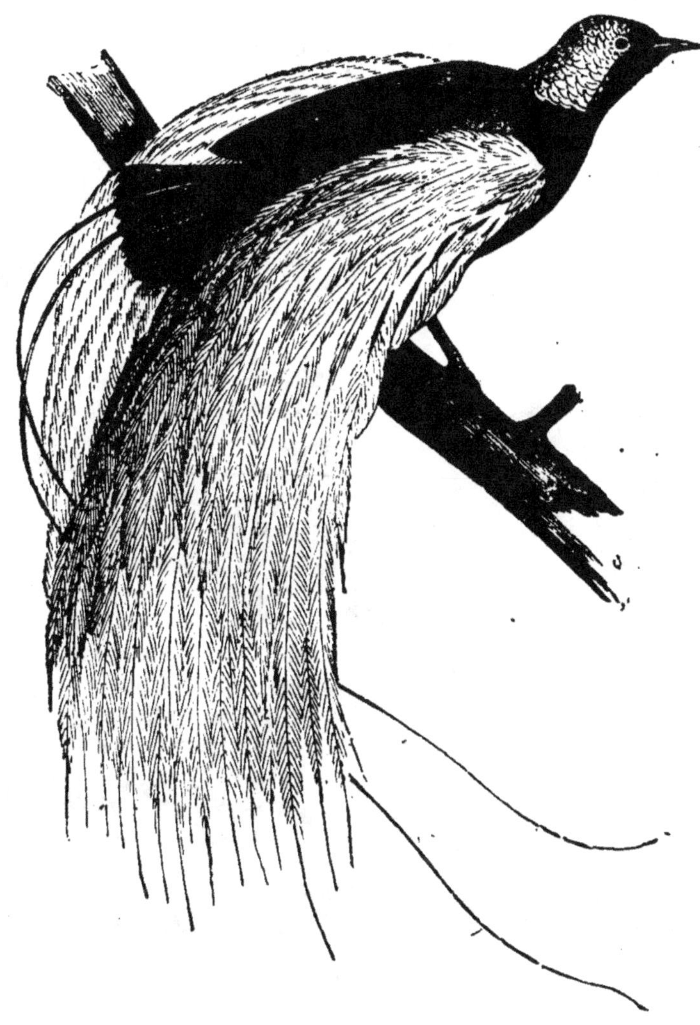

Oiseau de paradis.

des quadrupèdes que vous voyez tous les jours, et ils
vivent plutôt sur l'eau que dans l'eau. Les baleines,
dont la pêche a bien diminué le nombre, ne se trou-

vent plus guère que dans les mers froides ; les cachalots habitent l'océan Pacifique.

Les harengs sont des poissons voyageurs, qui passent l'hiver dans l'océan Glacial, et en sortent par bandes innombrables à certaines époques de l'année, pour

Autruche.

s'avancer dans les régions tempérées, où l'on en fait une pêche abondante. Les morues, qui sont aussi l'objet d'une pêche très-importante, se trouvent surtout dans le nord de l'océan Atlantique.

Vous pourriez croire que les animaux les plus redoutables des pays chauds sont les tigres, les lions, les panthères et autres grosses espèces carnassières. Eh bien, non : les plus terribles ennemis de l'homme

Tête de vipère.   Tête de couleuvre.

sont de petits et misérables insectes : des moustiques, des maringouins, espèces de cousins qui le persécu-

Tortue.

tent de leurs piqûres ; des termites ou fourmis blanches, qui dévorent tout dans les habitations ; des sauterelles, qui détruisent en quelques jours les plantes

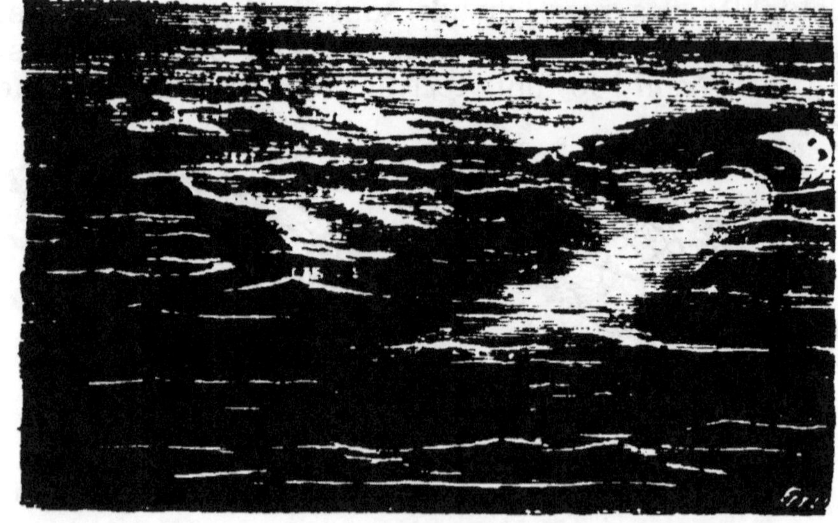

Requin.

d'une vaste région ; des mouches, qui font périr

Morue.

tous les bœufs et tous les chevaux d'un pays, etc.

Par compensation, d'autres insectes sont extrêmement utiles : voyez le ver à soie, qui est originaire du
sud-est de l'Asie et qui s'est
répandu dans tous les pays
chauds de l'Ancien Monde. —
Dans les pays tempérés, l'insecte le plus précieux est
l'abeille, qui nous donne son
doux miel et sa cire.

Il y a dans toutes les mers,
surtout dans les mers chaudes, une grande quantité de
zoophytes, animaux qui se rapprochent des plantes
par leur conformation.

Abeille.

Corail.

Les polypes sont des zoophytes gélatineux, qui se
réunissent dans l'eau en grand nombre, et se trouvent enveloppés et soutenus par des parties ordinai-

rement pierreuses. Un amas de polypes ainsi agglomérés s'appelle *polypier* : il présente souvent l'apparence d'un petit arbre. Tel est le corail, dont le plus renommé, comme objet d'ornement, se trouve dans la Méditerranée.

Les polypiers sont extrêmement nombreux dans le Grand Océan.

Les éponges sont aussi des polypes ; les plus esti-

Éponges.

mées se pêchent dans la partie orientale de la Méditerranée.

QUESTIONNAIRE. Quels sont nos principaux quadrupèdes domestiques? — Quels grands animaux de proie rencontre-t-on dans la plupart des hautes chaînes de montagnes? — Quels sont les principaux poissons répandus dans nos eaux douces? — Dites quelques-uns des poissons de mer dont la pêche est la plus abondante. — Où trouve-t-on les singes? — Quels sont les quadrupèdes les plus gros et où habitent-ils? — Quels sont les quadrupèdes les plus redoutables des pays

chauds? — Où trouve-t-on la girafe et le zèbre? — Où vit le
chameau? — Où trouve-t-on le lama, l'alpaca et la vigogne?
— les kangurous? — les sarigues? — les baleines et les cachalots? — Quels sont les principaux oiseaux de nos climats?
Quels sont les principaux oiseaux de la zone torride remarquables par leur beau plumage? — Quels sont les plus grands
oiseaux, et où habitent-ils? — Où habitent les crocodiles? —
Où trouve-t-on les serpents boas? — les serpents à sonnettes?
— les tortues? — Où habitent les poissons volants? — Quel
est, dans les pays chauds, le principal insecte utile?— Quels
y sont les principaux insectes nuisibles? — Quel est l'océan
où il y a le plus de polypiers? — Où trouve-t-on le corail? —
les éponges? — Quels sont, dans les pays froids, les principaux animaux à fourrures? — Quels sont les oiseaux au
chant le plus agréable? — Quels sont les principaux animaux qui font, chaque année, de grands voyages, suivant
les saisons?

ONZIÈME ENTRETIEN.

DISTRIBUTION DES PRINCIPAUX VÉGÉTAUX SUR LA TERRE.

Admirez les belles récoltes de ces champs; voici du
blé, dont les grains dorés donneront une farine excellente; à côté, vous voyez du seigle, qui a la tige plus
frêle, le grain plus mince, et qui fournit une farine
moins blanche; là, vous reconnaissez l'orge, aux bar-
bes longues et dures de ses épis. Le champ voisin est
rempli de maïs, qui étale ses larges feuilles et ses gros
épis de grains jaunes et ronds. Toutes ces plantes,
dont la farine est la principale nourriture des habitants du pays, sont appelées des céréales.

Nous n'avons pas ici une autre céréale bien pré-
cieuse, le riz, qui ne croît que dans les régions chaudes et humides, et qui nourrit un grand nombre
de peuples; mais nous possédons en abondance une

plante non moins utile, la pomme de terre, qui vient de l'Amérique.

Voilà un joli coteau tout planté de vigne; le raisin commence à prendre une couleur brunâtre; bientôt il deviendra noir, et, quand il sera mûr, on le pressera pour en faire du vin.

Les hautes herbes droites qui remplissent ce terrain sont du chanvre, dont la tige donne un fil propre à faire de la toile; il y a là-bas un champ de lin, dont les tiges plus délicates fournissent aussi des fils précieux.

Suivons ce chemin agréablement ombragé de grands arbres. J'aime ces robustes chênes, dont le bois sert à toutes sortes de constructions; ces énormes châtaigniers, ces noyers, couverts de noix presque mûres, ces cerisiers, qui ont donné de si bons fruits.

Nous entrons dans une belle allée de peupliers, de tilleuls, de platanes et de frênes, qui n'est pas moins agréable, mais qui ne fournit pas des fruits aussi utiles.

Nous traversons une petite forêt toute formée d'arbres au port droit et élancé, au feuillage d'un vert sombre et sévère, mais à l'ombre desquels on se plaît cependant : ce sont des sapins, des pins, des mélèzes, des cyprès, des cèdres, dont le bois est excellent pour construire les maisons, les meubles et les vaisseaux.

Rentrons chez nous par le verger, et saluons en passant nos pommiers, nos poiriers, nos pêchers, nos abricotiers, qui sont chargés de si bonnes choses.

Combien la vue se repose agréablement sur toutes ces richesses de la campagne ! Que de reconnaissance nous devons à Dieu pour tant de végétaux utiles qu'il nous a accordés !

Cependant les pays chauds ont encore bien plus de

plantes que nous. Il s'y trouve des forêts si épaisses qu'il est impossible de pénétrer au travers; des fleurs magnifiques y charment partout la vue, et embaument l'air de leurs parfums; des fruits énormes et délicieux y servent en abondance à la nourriture des hommes. Asseyons-nous sur ce gazon; je vais vous parler un peu plus de ces richesses des contrées chaudes.

Un des arbres les plus précieux et les plus beaux est le palmier, qu'on trouve dans tout le voisinage de l'équateur; le cocotier en est une espèce : le fruit de cet arbre se nomme coco, et renferme une chair excellente, un lait rafraîchissant.

Un autre palmier bien précieux, quoique moins beau, est le dattier, qui fournit la nourriture habituelle d'un grand nombre de populations du nord de l'Afrique et du sud-ouest de l'Asie.

Les grains de café, que vous avez vus si souvent, et dont vous connaissez l'usage, viennent aussi de ces pays lointains, et sont fournis par le caféier, qui est un joli petit arbre, originaire de l'orient de l'Afriquè et du S. O. de l'Asie, mais répandu aujourd'hui en Amérique et ailleurs. On y cultive également la canne à sucre, belle plante, qui ressemble un peu au maïs. L'orient de l'Asie paraît être sa patrie.

Le bananier, remarquable par ses feuilles d'une prodigieuse grandeur et par ses énormes grappes d'excellents fruits, existe dans toutes les contrées de la zone torride.

Le poivrier, commun dans l'Océanie et dans le sud de l'Asie, est un arbrisseau grimpant qui porte des grappes de ces petits grains ronds connus sous le nom de poivre.

Les bambous, dont on fait des cannes, des tiges d'ombrelles et une foule d'autres choses, forment des taillis épais dans les terrains humides de la zone torride, surtout en Asie.

Dans le midi de l'Europe et dans d'autres con-

Caféier.

trées plus chaudes encore, on trouve l'olivier, qui donne une huile excellente; l'oranger, le citronnier et le grenadier, qui portent des fruits rafraîchissants.

L'acajou, précieux pour la construction des meubles, vient en Amérique. Le cotonnier, dont le fruit contient un duvet laineux nommé coton, réussit dans les régions chaudes des cinq parties du monde. Le cacaoyer donne des graines qu'on nomme le cacao, et qui servent à faire le chocolat : il croît en Amérique.

L'Asie et l'Océanie produisent les muscadiers, dont le fruit contient l'amande appelée muscade ; le cannellier, dont l'écorce est employée sous le nom de cannelle ; le giroflier, dont les fleurs cueillies en boutons sont l'épice qu'on appelle clous de girofle ; le camphrier, qui donne la résine nommée camphre.

Les plantes à teinture sont très-nombreuses dans les pays chauds : l'indigotier, par exemple, réussit dans toute la zone torride ; le bois de campêche et le bois de brésil viennent d'Amérique.

L'acacia gommier, qui produit la gomme arabique, croît particulièrement en Afrique.

La gomme élastique, ou caoutchouc, qui est d'un usage si répandu, provient d'un arbre de l'Amérique du sud nommé hévéa.

Le mûrier, dont les feuilles servent à nourrir les meilleurs vers à soie, réussit dans la plupart des pays chauds de l'Ancien continent, et s'avance même assez loin dans les contrées tempérées.

Le quinquina, qui fournit à la médecine un de ses produits les plus importants, croît dans l'Amérique du sud.

Il y a, dans les pays les plus chauds, des arbres vraiment surprenants par la grosseur de leur tronc, et auprès desquels nos plus grands arbres seraient des nains : par exemple, le baobab, qui vit en Afrique, a quelquefois plus de trente mètres de tour, et à peine si une vingtaine d'hommes peuvent l'embrasser en joignant leurs bras étendus. D'autres arbres étonnent par le grand nombre de leurs tiges, et chacun d'eux forme une petite forêt : le plus célèbre est le figuier indien, dans l'Asie ; de ses branches descendent des rameaux innombrables qui vont toucher le sol, y prennent racine et forment autant de tiges nouvelles ; plusieurs milliers de personnes peuvent trouver un abri sous cette masse de verdure.

Il existe, dans nos pays tempérés, comme dans les pays chauds, un végétal qui est l'objet d'une vaste culture, et qui rapporte de grands revenus à ceux qui le récoltent et aux gouvernements qui imposent un droit à son usage ; cependant je ne puis m'empêcher de regretter qu'on lui consacre tant de place et tant d'attention, car il est plutôt nuisible qu'utile à l'humanité : je veux parler du tabac. Originaire d'Amérique, il s'est répandu sur le globe plus rapidement et plus universellement que n'ont pu le faire les plantes les plus bienfaisantes. Chez tous les peuples, une foule d'individus le fument, le prisent ou le chiquent, au détriment de leur santé, au mépris de la propreté, de l'économie, et au grand déplaisir de ceux qui n'en aiment pas l'odeur nauséabonde. C'est tout simplement un produit vénéneux, que la médecine peut employer quelquefois, mais dont rien ne justifie l'usage extraordinaire qu'on en fait sous le prétexte d'une prétendue jouissance.

QUESTIONNAIRE. Quelles sont nos principales céréales ?— Dans quelles parties de la Terre récolte-t-on le riz ? — Dans quelles parties récolte-t-on la canne à sucre ? — Quelles sont les principales espèces de palmiers, et où se trouvent-elles ? — Où trouve-t-on le bananier ? — D'où vient la cannelle ? — le camphre? — la muscade? — Où se trouvent les oliviers? — De quels pays sont originaires la pomme de terre et le tabac? — D'où vient le quinquina? — D'où a-t-on tiré primitivement le café, et où le récolte-t-on? — Où croissent les orangers, les citronniers, les grenadiers? — Où trouve-t-on l'acajou? — le baobab? — Où réussit le cotonnier? — Où trouve-t-on le cacaoyer? — Où croît le giroflier? — Où trouve-t-on l'indigotier? — Quels sont les bois de teinture que produit l'Amérique? — D'où vient la gomme arabique? — la gomme élastique? — Où croissent les mûriers? — Où trouve-t-on le figuier indien, et quelle apparence offre-t-il? — Dans quelles régions la vigne réussit-elle? — Quels sont les principaux arbres fruitiers et les autres arbres des pays tempérés? — Quels sont, dans nos climats, les principaux végétaux propres à faire des tissus?

DOUZIÈME ENTRETIEN.

DISTRIBUTION DES PRINCIPAUX MINÉRAUX SUR LA TERRE.

Le chemin où nous sommes en ce moment est formé d'un sable fin, sur lequel on marche aussi agréablement que dans une allée de jardin ; il est toujours sec ; la pluie de cette nuit n'y est pas restée sur le sol ; elle s'y est infiltrée et a disparu. Mais remarquez cet autre chemin, composé d'une terre grasse et serrée qu'on appelle argile : l'eau n'a pas pu descendre au travers, elle est restée sur le terrain, et elle y forme une boue désagréable.

Voici une carrière de pierre à chaux. En voici une autre de pierre à plâtre. Ces deux sortes de matières, si utiles dans la construction des maisons, ne sont pas très-dures. Je veux vous montrer les pierres les plus dures du pays. Approchons-nous de la colline : voyez ce gros rocher arrondi formé de petits grains brillants, noirs, blancs et gris : c'est du granite; on ne réussit que difficilement à le travailler. Remarquez ici cette autre pierre très-dure aussi, d'où jaillissent des étincelles quand nous essayons de la briser avec le marteau : on la nomme silex ou pierre à fusil. C'est une espèce d'agate. Mais les agates fines, dont on fait certains ornements, ne se trouvent pas ici, quoique ce soient des pierres assez communes en Europe.

Nous n'avons pas non plus de turquoises, pierres précieuses d'un bleu céleste ou d'un vert pâle, qui se tirent particulièrement de l'Asie.

Les topazes, qui sont ordinairement jaunes, viennent de la même partie du monde, et aussi de l'Amérique méridionale, où l'on trouve également ces belles pierres vertes appelées émeraudes.

L'Asie fournit les rubis, qui sont rouges ou roses, et les saphirs, d'un bleu magnifique.

Quant au diamant, le plus brillant des minéraux, il est fort rare. Il n'y en a que trois ou quatre mines dans le monde : les plus célèbres sont en Asié, dans l'ouest de l'Océanie et dans l'Amérique méridionale.

Les hommes ne peuvent pas fondre les pierres, ni les étendre sous le marteau; mais on tire souvent du sein de la terre des minéraux qui jouissent de ces propriétés. Ce sont ceux qu'on appelle des métaux. Tel est le fer, dont on fait tant d'instruments utiles, et qui est heureusement très-répandu; il y en a dans différentes parties de la France, dans beaucoup d'autres pays d'Europe, dans l'Amérique du nord, etc.

L'or, l'argent et le cuivre, dont on fait des monnaies et une foule d'autres choses, sont aussi des métaux. Il y a peu d'or en Europe; mais l'Amérique, l'Afrique, l'Australie et le nord de l'Asie en possèdent en assez grande quantité. L'Amérique est la partie du monde qui a les plus riches mines d'argent. Le platine, le plus lourd et l'un des plus rares, des plus précieux métaux, est exploité sur les frontières de l'Europe et de l'Asie, et dans l'Amérique méridionale. Le cuivre abonde particulièrement dans le nord et le centre de l'Europe, dans les deux Amériques et dans l'Asie orientale. Le mercure, ce métal liquide si utile dans beaucoup d'industries et que vous avez remarqué, par exemple, dans le baromètre de mon cabinet, est exploité dans le centre et le sud-ouest de l'Europe, et dans les deux Amériques. L'étain, dont on fait les étamages et tant d'autres choses, se trouve surtout aux extrémités occidentales de l'Europe et à l'extrémité sud de l'Asie. Le plomb et le zinc sont d'autres métaux assez communs dans toutes les parties du monde.

Il y a des minéraux qui s'enflamment et brûlent facilement. On les appelle minéraux combustibles. Un des principaux est le soufre ; on le trouve en abondance dans le voisinage des volcans.

Houille.

Nous n'avons pas à présent de ces montagnes dangereuses en France ; mais il y en a eu, dans nos provinces du centre, et elles y ont laissé des traces de leurs grandes éruptions, par des colonnes régulières et gigantesques d'une matière appelée basalte, qui est sortie en lave brûlante de leurs cratères et qui s'est cristallisée en se refroidissant.

Le combustible le plus important est le charbon de terre, ou la houille, si utile pour le chauffage, pour les forges, pour les machines à vapeur, enfin pour tous les appareils qui exigent de grands feux. Ce minéral, formé d'anciennes forêts enfouies sous le sol, est fort commun dans presque tous les pays : l'Europe et l'Amérique du nord en ont particulièrement d'abondantes mines.

La tourbe, composée de débris de plantes carbonisées, abonde dans presque toutes les contrées marécageuses.

Le bitume comprend deux sortes de matières : l'une est l'asphalte, qui est solide et noir et dont on fait des trottoirs; l'autre est le pétrole, qui se trouve sous la forme de sources d'huile, et qui est aujourd'hui d'un si grand usage. Il y a beaucoup de bitume dans le sud de l'Europe, l'ouest de l'Asie et le milieu de l'Amérique du nord. Ce dernier pays fournit presque tout le pétrole qu'on emploie pour l'éclairage. — Le graphite, dont on fait des crayons, est exploité surtout dans le nord de l'Asie.

QUESTIONNAIRE. Citez quelques-uns des minéraux les plus communs qui composent le sol. — Où trouve-t-on surtout les turquoises, les topazes, les émeraudes, les rubis, les saphirs, les diamants? — Où trouve-t-on l'or, l'argent, le platine, le cuivre, le mercure? — Quel est le métal qu'on trouve le plus abondamment? — Où trouve-t-on l'étain, le plomb, le zinc? — le soufre? — le charbon de terre? — la tourbe? — le bitume? — le graphite?

TREIZIÈME ENTRETIEN.

EUROPE.

Description physique.

Le temps est mauvais aujourd'hui, et nous ne pouvons pas nous promener. Nous ferons du moins un voyage sur la carte.

Commençons par l'Europe. Vous voyez que c'est la plus petite des parties du monde; mais c'est la plus civilisée, et ses habitants sont supérieurs aux autres par leur science, leur industrie et leur commerce.

Elle se trouve à peu près vers le milieu de l'espace renfermé entre l'équateur et le pôle : le climat y est tempéré.

L'Europe tient à l'Asie vers l'est; les océans *Glacial* et *Atlantique* l'entourent au nord et à l'ouest; la mer *Méditerranée*, au sud, la sépare de l'Afrique.

Voyez comme ses côtes sont singulièrement découpées : il y a beaucoup de petites mers, de golfes, de baies et de presqu'îles.

La plus remarquable des mers qui s'enfoncent sur ses côtes au nord est la *Baltique*, presque partout enveloppée de terres et qui avance elle-même, comme deux grands bras, les golfes de *Botnie* et de *Finlande;* cette mer n'est qu'une portion de l'océan Atlantique; — plus loin, dans l'océan Glacial, vous distinguez la mer *Blanche*, couverte de glace et de neige les trois quarts de l'année; — en s'avançant à l'ouest, et en revenant dans l'Atlantique, vous trouvez la mer du *Nord*, beaucoup plus ouverte que les deux précédentes ; — puis la *Manche*, resserrée entre la France et

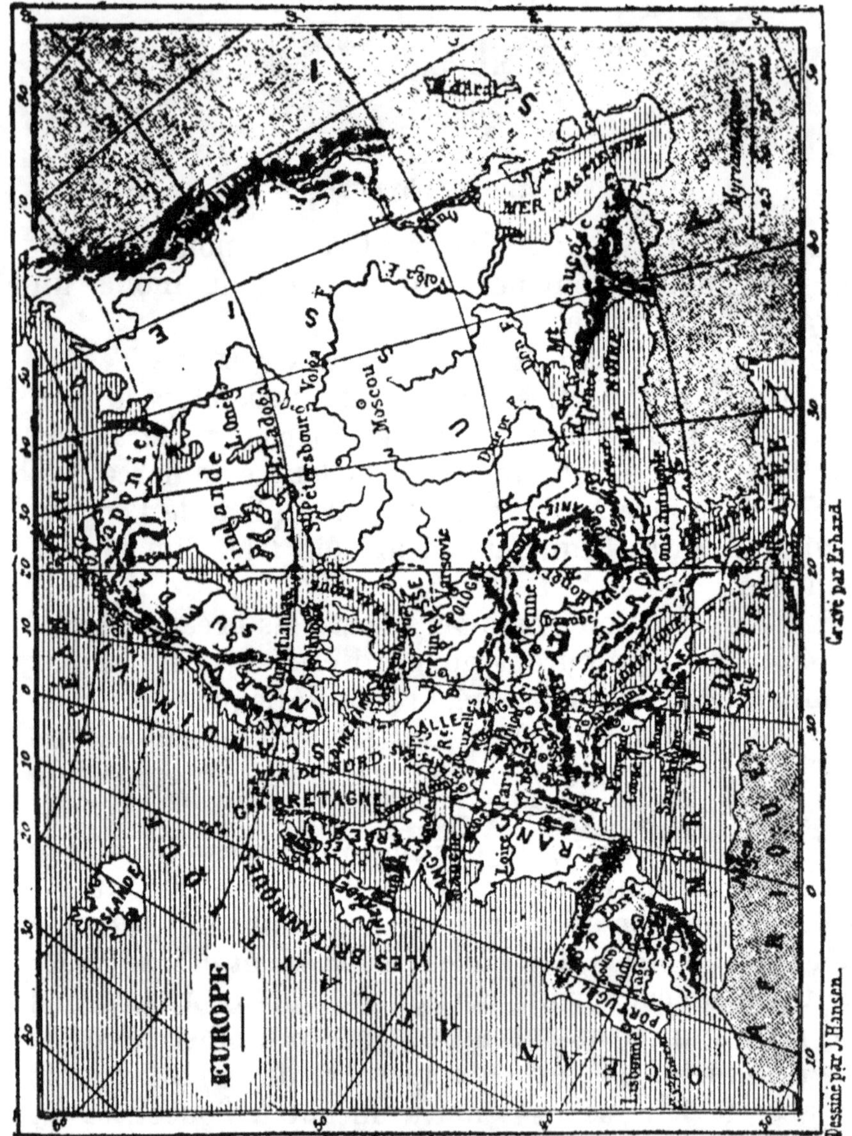

l'île importante de la *Grande-Bretagne*, voisine d'une

autre grande île, l'*Irlande*, dont elle est séparée par la mer du même nom et par le canal *Saint-Gèorge;* — enfin la mer de *France* ou golfe de *Gascogne*, qui baigne les côtes occidentales de notre pays.

Nous passons, par le détroit de *Gibraltar*, de l'Atlantique dans la Méditerranée, et nous voyons cette dernière produire, dans le sud de l'Europe, le long enfoncement de la mer *Adriatique*, les golfes considérables de *Tarente* et de *Lépante*, ensuite une mer pleine d'îles nommée *Archipel*, la petite et jolie mer de *Marmara*, très-célèbre malgré son peu d'étendue, et communiquant à la précédente par le détroit des *Dardanelles* ou *Hellespont;* enfin une mer plus grande et presque ovale, qui s'appelle mer *Noire* (l'ancien *Pont Euxin*), et que les terres ferment de toutes parts, excepté au sud-ouest, où elle communique au reste de la Méditerranée par le beau détroit de *Constantinople* (l'ancien *Bosphore*). Un golfe marécageux, qu'elle forme au nord-est, prend le nom de mer d'*Azov*.

A quelque distance de là, est un vaste lac qui a reçu le nom de mer *Caspienne*, et qui s'étend sur la limite de l'Europe et de l'Asie.

Vous apercevez dans le haut de la carte une grande presqu'île, qui avance vers le sud deux sortes de larges cornes : c'est la *Scandinavie*, qui renferme la *Suède* et la *Norvége*. En face est la petite presqu'île *Cimbrique*.

Cette autre presqu'île que vous remarquez au sud-ouest, et qui a une forme carrée, comprend l'*Espagne* et le *Portugal*, et s'appelle *péninsule Hispanique*.

Au sud, n'en distinguez-vous pas une qui a l'apparence d'une botte? C'est l'*Italie*. Près de là sont les îles de *Corse*, de *Sardaigne*, et celle de *Sicile*, qui est séparée du bout du pied de la botte italienne par le détroit fameux nommé *Phare de Messine*.

Un peu plus loin, à l'est, se trouve une presqu'île beaucoup moindre, qui ressemble un peu à une main : on la nomme *Morée ;* elle est jointe au continent par l'isthme de *Corinthe.* Dans son voisinage est la belle île de *Candie* ou *Crète.*

Beaucoup plus à l'E., on voit s'avancer dans la mer Noire une presqu'île à trois pointes qu'on nomme *Crimée,* et qui est unie à la terre ferme par l'isthme de *Pérécop.*

Trois caps célèbres terminent l'Europe au N., au S. O. et au S. : ce sont les caps *Nord, Saint-Vincent* et *Matapan.*

Ne quittons pas les côtes européennes sans nommer la grande terre froide de la *Nouvelle-Zemble.*

Le nord de l'Europe est généralement formé de plaines; le milieu et le sud sont montagneux.

Les montagnes qui s'étendent vers le centre sont les *Alpes* et les *Carpathes.*—En voici d'autres, appelées *Pyrénées,* entre la France et l'Espagne.—Les *Apennins* parcourent toute l'Italie.— Dans le nord, sont les monts *Dofrines.* — Sur les limites de l'Europe et de l'Asie, nous trouvons les monts *Ourals* et le mont *Caucase.* Celui-ci surpasse en hauteur toutes les montagnes précédentes, même le mont Blanc, si renommé et le point culminant des Alpes.

C'est dans la mer Caspienne et la mer Noire que se jettent les deux plus grands fleuves de l'Europe : l'un est le *Volga,* qui se rend dans la mer Caspienne ; l'autre est le *Danube,* qui a son embouchure dans la mer Noire

Du côté de l'occident, le fleuve principal est le *Rhin.*

Vous voyez que la *Seine,* qui arrose la France et dont

on parle si souvent, est un bien petit fleuve comparativement à ceux que je viens de vous montrer. Cependant elle a de l'importance par sa navigation et parce qu'elle baigne Paris, notre brillante capitale.—Un fleuve moins long encore, mais qui a une navigation beaucoup plus animée, est la *Tamise*, qui passe à Londres, la plus grande ville d'Europe. La Tamise se jette dans la mer du Nord, de même que l'*Elbe*, qui a comme elle une large embouchure et qui reçoit aussi un grand nombre de vaisseaux, à cause de la riche ville de Hambourg située sur ses bords.

Les plus importants des fleuves qui se jettent dans la Baltique sont l'*Oder*, la *Vistule* et la *Duna*.

La *Loire* et la *Garonne*, en France, le *Douro* et le *Tage*, en Espagne et en Portugal, sont remarquables aussi, et ont, vers leurs embouchures dans l'Atlantique, de grands ports de commerce : Nantes, Bordeaux, Porto, Lisbonne. La *Guadiana* et la *Guadalquivir* sont d'autres grands fleuves d'Espagne.

Le *Rhône*, en France, fleuve impétueux sur lequel on navigue activement néanmoins, se jette dans la Méditerranée près de l'un des principaux ports du monde, Marseille.

L'*Èbre*, en Espagne, a son embouchure non loin d'un port aussi très-célèbre, Barcelone.

Le *Tibre*, qui arrose l'ouest de l'Italie, n'est pas un grand fleuve; mais il est célèbre parce qu'il baigne la plus illustre ville du monde, Rome.

Le *Pô* tombe dans l'Adriatique à peu de distance de Venise, qui a été longtemps la première place maritime de l'Europe.

Le *Dniepr*, en Russie, se rend dans la mer Noire près d'un autre port considérable, Odessa. — Le *Don* se jette dans la mer d'Azov. — L'*Oural*, qui se jette dans la mer Caspienne, sur la frontière de l'Europe et de l'Asie, est presque aussi long que le Volga et le Danube.

Le lac *Ladoga*, que vous remarquez dans le nord, près de la mer Baltique, est le plus grand lac d'Europe. Le second est le lac *Onéga*, qui s'écoule dans le Ladoga.

Mais ces grandes masses d'eau sont moins belles, moins pittoresques que des lacs beaucoup moins étendus qu'on trouve dans l'ouest de l'Europe, au pied des Alpes : tels que le lac de *Constance*, formé par le Rhin, le lac de *Genève*, formé par le Rhône, et les lacs *Majeur*, de *Côme* et de *Garde*, près du Pô.

Distinguez encore, au centre de l'Europe, le lac *Balaton*.

QUESTIONNAIRE. Quelle est la situation de l'Europe? — Que dites-vous de sa forme? — Quelles sont ses principales mers? — ses principales presqu'îles? — ses principales îles? — Où est-elle le plus montagneuse? — Quelles sont ses principales montagnes? — Quels sont ses principaux fleuves? — ses principaux lacs?

QUATORZIÈME ENTRETIEN.

EUROPE.

Description politique. — Pays du milieu.

Nous avons parcouru dernièrement l'Europe, pour en examiner les mers, les presqu'îles, les îles, les montagnes, les fleuves, les lacs, enfin tout ce qu'y présente la nature. On appelle cela la *géographie physique* de l'Europe. Aujourd'hui nous en visiterons les

États et les villes, c'est-à-dire ce qui a été établi par les hommes : nous ferons ainsi de la *géographie politique*.

Partons de notre belle France, où nous reviendrons plus tard, pour la décrire avec détail ; et de Paris, sa capitale, avançons-nous vers le nord ; nous entrons en *Belgique*, petit et joli royaume, qui est comme la continuation de la France, et où l'on parle généralement français ; il est rempli d'industrie, bien cultivé et riche en charbon de terre. *Bruxelles*, sa capitale, est une agréable ville, un Paris en miniature. *Anvers*, sur l'Escaut, est le port principal de cet État. *Gand* et *Liége* en sont les autres grandes villes.

Poursuivons encore notre route vers le nord ; nous pénétrons dans un autre royaume, fort petit aussi, mais fort intéressant, qu'on nomme *Pays-Bas*, *Néerlande* ou *Hollande*. Le sol y est, en grande partie, au-dessous du niveau de l'océan qui le baigne ; c'est par de nombreuses et puissantes digues que les habitants, ingénieux et patients, se garantissent contre les inondations de la mer et des fleuves (le Rhin, la Meuse, l'Escaut). De belles cultures de céréales, des jardins admirablement soignés, des pâturages excellents, surtout la pêche et de grandes colonies, font la richesse de ce royaume, plus important qu'on ne le dirait en voyant le peu de place qu'il occupe sur la carte. *Amsterdam*, sa capitale, est un port des plus commerçants, situé sur ce golfe arrondi que vous voyez s'enfoncer dans le nord du pays, sous le nom de Zuiderzée.

La Haye, charmante ville, est comme une seconde capitale ; car c'est la résidence du roi. *Rotterdam*, sur la Meuse, est un port presque aussi commerçant qu'Amsterdam.

Traversons un territoire très-petit que vous voyez

là à côté des Pays-Bas et de la Belgique, et qu'on appelle le *grand-duché de Luxembourg;* c'est un État à part, malgré son peu d'étendue. La capitale, *Luxembourg,* ne mérite pas de nous arrêter. Entrons tout de suite en *Allemagne.*

Voilà une vaste et remarquable contrée, occupant le centre de l'Europe, très-variée dans ses aspects, couverte au sud de hautes montagnes (les Alpes), assez montueuse au milieu, et très-plate au nord, vers la mer Baltique et la mer du Nord.

La population nombreuse qui l'habite est intelligente, laborieuse, et aime l'instruction; elle compte plus de quarante millions d'habitants, tandis que la France n'en a que trente-huit millions. Mais elle ne forme pas une masse aussi compacte et aussi unie que la nôtre. Elle est divisée en beaucoup d'États tout à fait distincts. Le plus puissant de tous est la *Prusse,* qui occupe, comme vous voyez, un grand espace, étendu de l'est à l'ouest, dans le nord de l'Allemagne, vers les bords de la mer Baltique et de la mer du Nord, et vers ceux de la Vistule, de l'Oder, de l'Elbe et du Rhin. Ce royaume cherche à réunir tous les pays allemands sous sa domination, et déjà il dirige une vingtaine d'États qu'on appelle la *confédération de l'Allemagne du nord :* là se trouvent le *royaume* et les *duchés de Saxe,* les *grands-duchés de Mecklenbourg,* les *républiques de Hambourg,* de *Brème,* de *Lübeck,* etc.

La Prusse mérite l'honneur de commander à toute cette région de l'Allemagne par l'état avancé de sa civilisation, par la culture des lettres et des sciences, par l'industrie agricole et manufacturière, par une forte organisation militaire et commerciale. Sa capitale, *Berlin,* s'élève au milieu d'assez tristes plaines, mais a de fort beaux monuments, et prend un accroissement rapide.

Parmi les autres grandes villes du royaume, remarquons *Kœnigsberg, Dantzig, Stettin*, vers la mer Baltique; — *Breslau, Potsdam, Magdebourg, Hanovre, Cologne, Aix-la-Chapelle, Francfort-sur-le-Main*, dans l'intérieur; — *Altona*, port vers l'embouchure de l'Elbe.

Dans les autres parties de la confédération de l'Allemagne du nord, distinguons surtout *Dresde*, capitale du royaume de Saxe; *Leipzig*, ville savante, siége d'un immense commerce de livres, dans le même royaume; — *Weimar, Gotha*, assez petites villes, et cependant célèbres par leurs établissements littéraires et scientifiques, dans les duchés de Saxe, agréables pays, partout remarquables par l'état avancé de l'instruction et par l'intelligence de leurs habitants.

Hambourg, sur l'Elbe, est le port le plus important de l'Allemagne. — *Brème*, sur le Weser, et *Lübeck*, sur la Baltique, sont aussi des ports florissants.

Avançons-nous maintenant au midi d'un grand affluent du Rhin qu'on nomme le Main; là nous trouvons l'*Allemagne du sud*, qui a pour État principal le royaume de Bavière. La capitale, *Munich*, est une charmante ville, toute remplie d'établissements modernes consacrés aux beaux-arts, aux lettres et aux sciences; *Nuremberg*, dans le même pays, est, au contraire, intéressante par ses vieux et curieux monuments gothiques, mais c'est surtout une ville d'inventions : on y a inventé les montres, les pendules, les clarinettes, le laiton et beaucoup d'autres choses, et c'est le lieu du monde qui fabrique le plus de jouets d'enfants.

A côté de la Bavière, est le royaume de *Würtemberg*, parfaitement cultivé et qui a de véritables forêts d'arbres fruitiers; sa capitale est *Stuttgart*.

La Bavaria à Munich

Le grand-duché de *Bade*, qui doit son nom à un endroit très-célèbre par ses bains d'eaux minérales, s'étend le long du Rhin, et a pour capitale la jolie ville de *Carlsruhe*. — Vous voyez encore dans l'Allemagne du sud le grand-duché de *Hesse*, qui est, comme le grand-duché de Bade et le Würtemberg, un fort agréable pays.

Franchissons le Rhin et le lac de Constance, qui bordent l'Allemagne au sud, et entrons dans la *Suisse*, qui se trouve à côté de la France, et qui est renommée par ses points de vue pittoresques, ses hautes montagnes (les Alpes), ses glaciers, ses lacs limpides, ses cascades, ses fraîches vallées. Les pâturages en sont la principale richesse : on y voit avec intérêt les beaux troupeaux suspendus de toutes parts aux flancs des hauteurs, et les honnêtes bergers qui les conduisent. Ce pays n'est pas une monarchie, comme la France ou la Prusse : c'est une république, composée de plusieurs cantons confédérés, et dirigée par une assemblée et par un président, qui siégent à *Berne*, capitale de la confédération. Remarquez une ville plus grande que celle-là et très-bien placée, à l'extrémité d'un beau lac, sur le Rhône : c'est *Genève*, qui cultive avec un égal succès les lettres, les sciences et le commerce. *Bâle*, sur le Rhin, est aussi une ville très-commerçante.

Allons maintenant à l'est du lac de Constance ; suivons la grande vallée du Danube, qui s'étend entre les Alpes et les Carpathes, et parcourons l'empire d'*Autriche*, ou plutôt l'empire *Austro-Hongrois*, ce qui veut dire que l'*archiduché d'Autriche* et la *Hongrie* se partagent l'influence dans le gouvernement de cette vaste monarchie ; un grand nombre de peuples divers en composent la population ; il y a des Allemands, des Hongrois, des Slaves, des Roumains, des Italiens, etc.

L'archiduché, la *Hongrie*, la *Bohème*, la *Moravie*, la *Galicie*, la *Transylvanie*, l'*Esclavonie*, la *Croatie*, le *Tyrol*,

Vue de Genève.

la *Styrie*, la *Dalmatie*, et bien d'autres pays encore, forment comme autant d'États distincts, qui sont étonnés de se trouver réunis sous le même sceptre.

Vienne, sur le Danube, est la capitale de l'empire; *Pesth* est la capitale particulière de la Hongrie; *Prague*, celle de la Bohème; *Trieste*, au fond de la mer Adriatique, est un des ports principaux de l'Europe, et son commerce est surtout actif avec tous les pays du Levant, c'est-à-dire les pays qui bordent la partie orientale de la Méditerranée.

QUESTIONNAIRE. En quittant la France et sa capitale, Paris, et en se dirigeant vers le nord, quel petit royaume rencontre-t-on d'abord? — Quelle est la capitale de la Belgique? — Quelles en sont les autres grandes villes? — Quel petit royaume trouve-t-on au nord de la Belgique? — Quelle est la situation singulière de ce pays relativement à la mer et aux fleuves qui le baignent? — Quelles en sont les villes principales? — Qu'est-ce que le grand-duché de Luxembourg? — Ou est située l'Allemagne, et quels aspects a-t-elle? — Quel est l'Etat le plus puissant de l'Allemagne, et comment appelle-t-on la confédération à la tête de laquelle cet Etat est placé? — Quelle est la situation de la Prusse, et quelles sont les villes principales de ce royaume? — Quels sont les autres principaux Etats de la confédération de l'Allemagne du nord? — Quelles villes importantes y remarque-t-on? — Quels sont les Etats de l'Allemagne du sud? — Quelles villes remarquables renferment-ils? — Où est la Suisse? — quel aspect a-t-elle? — quel est son gouvernement? — quelles en sont les villes principales? — Quel est l'empire que parcourt le Danube et que couvrent les Alpes et les Carpathes? — Quels sont les peuples principaux de l'empire Austro-Hongrois? — Pourquoi appelle-t-on cet empire ainsi? — Quels sont, avec l'archiduché d'Autriche et la Hongrie, les pays principaux qui composent cet empire? — Quelles en sont les villes les plus importantes?

QUINZIÈME ENTRETIEN.

EUROPE.

Description politique. — Pays de l'est et du nord.

Nous avons parcouru toute l'Europe centrale. Maintenant enfonçons-nous dans les parties orientales. Nous y voyons un immense pays, la *Russie*, plus grande, à elle toute seule, que tout le reste de l'Europe, mais moins peuplée. Il fait, en effet, dans une partie considérable de son étendue, des froids très-rigoureux, qui nuisent aux hommes et aux productions qui les nourrissent. Tout le nord de l'Asie dépend aussi de la Russie, de sorte que c'est l'empire le plus vaste de la Terre ; mais il n'a, en tout, que soixante-seize millions d'habitants, dont soixante-neuf millions en Europe : c'est peu pour un si grand espace ; la France, si petite en comparaison, en a, comme nous avons vu, près de quarante millions.

La Russie d'Europe touche à quatre mers : la Baltique, la mer Noire, la Caspienne et l'océan Glacial (avec la mer Blanche). Des plaines à l'aspect un peu triste, et cependant fertiles en blé. en lin, en chanvre, s'y étendent à perte de vue. De grands fleuves, comme le Volga, le Dniepr, le Don, les arrosent; de grands lacs, comme le Ladoga et l'Onéga, les baignent.

Entrons dans cet empire par un malheureux pays, autrefois puissant et glorieux, maintenant courbé et anéanti sous le joug des Russes : je veux dire la *Pologne*, qui avait pour capitale *Varsovie*, quand elle était un royaume.

Puis avançons-nous en longeant la mer Baltique, et nous rencontrons *Riga*, port très-commerçant, ensuite *Saint-Pétersbourg*, brillante capitale de l'empire, située au fond du golfe de Finlande, qui doit son nom à un grand pays voisin, compris aussi en Russie.

Pénétrons au centre de l'empire, et visitons l'ancienne capitale, la célèbre *Moscou*, regardée par les Russes comme une ville sainte. Rendons-nous, bien loin de là, au bord de la mer Noire, pour voir le port d'*Odessa*, grand entrepôt d'un commerce de blé; saluons la presqu'île de Crimée, avec son port fameux de *Sébastopol*, qui rappelle une grande guerre récente, et transportons-nous au fond de la mer Caspienne, vers les bouches du Volga, pour nous arrêter à *Astrakhan*, port renommé et centre d'un commerce de fourrures.

Traversons maintenant de nouveau toute la Russie, en allant du sud-est au nord-ouest, et passons dans la péninsule Scandinave, par l'isthme de *Laponie*, qui doit son nom à un pays habité par les Lapons, le peuple le plus petit de l'Europe.

Dans cette presqu'île, nous trouvons deux royaumes, la *Suède* et la *Norvége*, qui ne forment cependant qu'une seule monarchie, car elles sont soumises à un même roi. La Suède, qui est à l'est, sur la Baltique, a pour capitale *Stockholm*. — La Norvége, sur l'Atlantique et l'océan Glacial, est remarquable par le nombre et l'activité de ses marins, par la pêche abondante qu'on fait sur ses côtes, et par les beaux bois de sapin qu'elle expédie au loin. Elle a pour capitale *Christiania*. Le nord de ce pays est la partie la plus boréale de l'Europe; il n'y croît pas d'arbres, mais seulement des mousses, des lichens et autres petites plantes sauvages qui servent de nourriture aux rennes, principale richesse des Lapons.

Franchissons un bras de mer au sud de la Norvége·

L'Hékla (volcan d'Islande).

nous sommes dans le *Danemark*, qui a été autrefois un

royaume puissant et qui, aujourd'hui, est bien réduit, bien appauvri, surtout depuis que la Prusse lui a enlevé la partie méridionale de la presqu'île Cimbrique. Il n'a plus conservé dans cette presqu'île que le Jutland, et il a ensuite quelques îles à l'entrée de la mer Baltique : particulièrement les îles de Seeland et de Fionie. *Copenhague*, dans Seeland, sur un détroit fameux qu'on nomme le Sund, est la capitale de ce petit royaume.

L'*Islande*, île très-froide, située bien loin de là, au N. O. de l'Europe, dans le voisinage de l'Amérique, dépend du gouvernement danois. Elle a un volcan fameux, nommé l'*Hékla*.

Du Danemark, naviguons droit à l'ouest à travers la mer du Nord, et nous aborderons aux *Iles Britanniques*, qui forment un royaume, composé de deux îles principales : la *Grande-Bretagne* et l'*Irlande*; la première comprend elle-même trois pays : l'*Angleterre*, le pays de *Galles* et l'*Écosse*. De tous ces pays, le plus important et le plus florissant est l'Angleterre, où règnent une active industrie, l'exploitation de riches mines de houille, de fer, de cuivre, une agriculture intelligente, un commerce immense, et où vit une population très-nombreuse, très-avancée dans tous les travaux de la civilisation.

Quoique ce royaume soit peu étendu, il contient trente millions d'habitants ; mais ce n'est rien comparativement à toute l'énorme population que l'empire Britannique possède dans les autres parties du monde, principalement en Asie ; il a sur tout le globe plus de deux cents millions d'âmes ! C'est donc un État très-puissant.

Londres, capitale du royaume tout entier et de l'Angleterre en particulier, est la plus grande ville d'Europe. Elle est peuplée de trois millions d'habitants, et a, sur la Tamise, le port le plus fréquenté du monde. — Parmi les villes nombreuses et considérables que renferme encore l'Angleterre, citons au moins *Manchester*, centre des plus grandes manufactures de coton ;— *Liverpool*, port le plus important après Londres ; — *York*, célèbre par son ancienneté ; — *Newcastle*, par son charbon de terre ; — *Birmingham*, par ses manufactures d'armes ;— *Bristol*, par son port ; —*Plymouth*, *Southampton*, *Portsmouth*, aussi par leurs ports.

En Écosse, la capitale est *Édinbourg;* mais la ville la plus considérable est *Glasgow*, illustre par ses manufactures et son commerce maritime.

Passons maintenant en Irlande, île belle et fertile, mais dont cependant les habitants, exposés au mépris des Anglais, ne sont pas heureux et émigrent en foule dans l'Amérique du nord. Nous y visitons *Dublin*, la capitale, dans une magnifique position, au bord de la mer. *Belfast* et *Cork* sont ensuite les plus grandes villes et les ports principaux de ce pays.

QUESTIONNAIRE. Dans quelle partie de l'Europe est la Russie? — Qu'est-ce que la Pologne? — Quelle en est l'ancienne capitale? — Quelles villes remarque-t-on en Russie? — Quelles possessions la Russie a-t-elle hors de l'Europe? — Quelle est la population de l'empire Russe? — Par quel isthme passe-t-on de la Russie dans la péninsule Scandinave? — Quels sont les deux royaumes de cette péninsule? — Quelle est la capitale de chacun d'eux? — Où se trouve la partie la plus boréale du continent européen? — De quoi se compose le Danemark? — Quelle est la capitale de ce royaume? — Quelles sont les deux principales îles Britanniques? — Quels sont les deux pays principaux de la Grande-Bretagne? — Quel est le plus important de ces deux pays? — Dites par quoi l'Angleterre se distingue particulièrement. — Quelle en est la capitale et quelles en sont les autres grandes villes? — Dites les villes principales de l'Écosse. — Que savez-vous de l'Irlande? — Quelles en sont les villes les plus importantes?

SEIZIÈME ENTRETIEN.

EUROPE.

Description politique. — Pays du sud.

Parcourons aujourd'hui le sud de l'Europe. Nous n'allons y rencontrer que de chauds climats, favorables aux vins renommés, à la soie, aux meilleures huiles, aux oranges, aux grenades, aux figues et aux autres bons fruits du midi. En même temps, nous ne trouverons presque à mentionner que des noms géographiques doux et harmonieux, car les langues européennes du sud, formées généralement du latin et du grec, sont d'une prononciation plus agréable que celle des langues du nord.

D'abord, à côté de la France, se présente l'Espagne, qui n'est pas aussi riche qu'elle devrait l'être avec les produits admirables de son sol et sa belle situation entre la Méditerranée, l'océan Atlantique et le détroit de Gibraltar. — La capitale, *Madrid*, est au centre du royaume, dans une région qu'on nomme *Nouvelle-Castille*, au milieu d'un plateau un peu triste. — *Barcelone*, la seconde ville, est un port florissant, sur la Méditerranée, dans la *Catalogne*. — Le long de la même mer, nous rencontrons *Valence*, dans un pays si agréable qu'on l'a surnommé le *Jardin* de l'Espagne; — et *Malaga*, dont les vins sont renommés. — Sur l'Atlantique, est *Cadix*, un des ports les plus célèbres de l'Europe. — Sur le détroit qui unit l'Océan à la Méditerranée, s'élève *Gibraltar*, place très-forte, qui appartient aux Anglais.

Vue de Madrid.

Dans l'intérieur, remarquons *Séville*, capitale d'une magnifique province qu'on nomme *Andalousie* ; — *Grenade*, que les Maures, autrefois maîtres d'une grande partie de l'Espagne, ont embellie de superbes monuments ; — *Saragosse*, capitale de l'*Aragon*, sur l'Èbre.

Le petit royaume de *Portugal*, que vous voyez dans la même péninsule que l'Espagne, à l'extrémité S. O. de l'Europe, a été autrefois un État puissant par ses colonies et ses brillantes découvertes maritimes. Il est assez faible aujourd'hui. Sa capitale, *Lisbonne*, est admirablement placée à l'embouchure du Tage. — Distinguez ensuite *Porto*, célèbre par son port et ses vins.

Dirigeons-nous à l'est de l'Espagne : nous rencontrons une autre péninsule, l'*Italie*, qui s'étend, mince et allongée, entre la Méditerranée, la mer Adriatique et les Alpes. C'est une belle contrée, d'un climat très-doux, et qui est remplie de grands souvenirs. Il s'y est passé une foule d'événements importants que je vous raconterai un jour. Elle ne forme pas un seul et unique royaume, comme vous pourriez le penser. Non : le Pape y a, sous sa souveraineté, un territoire qui s'appelle *États de l'Église*, avec *Rome* pour capitale, Rome le nom le plus célèbre de la géographie, la métropole du culte catholique, et qui a été la capitale du plus puissant empire de l'antiquité : elle est remplie de superbes monuments, qui attestent son ancienne splendeur.

Le reste de la péninsule forme le ***royaume d'Italie***, où se trouvent le *Piémont*, la *Lombardie*, la *Vénétie*, la *Toscane*, l'ancien ***royaume de Naples***, etc. Les îles de *Sicile* et de *Sardaigne* en font aussi partie.

La capitale de ce royaume est *Florence*, qui n'est pas une grande ville, mais qui brille par ses musées

Place Saint-Pierre à Rome

et par le nombre extraordinaire d'hommes fameux qu'elle a vus naître. — La ville la plus peuplée est *Naples*, magnifiquement placée sur la côte occidentale ; — *Turin*, *Milan*, dans le nord, sont aussi plus grandes que Florence. — Remarquons encore, en Italie, *Venise*, port de l'Adriatique, très-curieuse et très-intéressante ville, bâtie dans l'eau et où les canaux tiennent lieu de rues ; — *Ancône*, autre port de la même mer ; — *Livourne*, port très-florissant de la côte occidentale ; — *Palerme* et *Messine*, ports de la Sicile.

Traversons la mer Adriatique ; nous nous trouvons en *Turquie*, très-beau pays, mais où l'agriculture et l'industrie, le commerce, l'instruction et tous les progrès de la civilisation sont dans un état misérable. Nous sommes là seulement dans la *Turquie d'Europe* (car il y a une *Turquie d'Asie*, que nous verrons plus tard). Le Danube la parcourt au nord ; la mer Noire la baigne à l'est. La capitale de l'empire Turc est *Constantinople*, la ville la mieux placée qu'on puisse voir, avec un vaste port, sous un beau climat, au centre de l'Ancien Monde, à la jonction de l'Europe et de l'Asie, et vers l'endroit où la mer Noire communique avec le reste de la Méditerranée.

Andrinople, dans l'intérieur, et *Salonique*, place maritime, sur la côte de l'Archipel, sont les autres grandes villes de cette Turquie.

Deux importantes principautés qui reconnaissent la suzeraineté du sultan turc, mais qui sont d'ailleurs presque indépendantes, se trouvent dans le nord, sur les rives du Danube : l'une est la *Roumanie*, composée de la *Valachie* et de la *Moldavie*, avec *Boukharest* pour capitale, le port très-commerçant de *Galatz*, sur le Danube, et la ville intérieure d'*Iassy*. — L'autre est la *Serbie*, qui a pour capitale *Belgrade*.

Un des canaux de Venise.

Vous pourriez croire qu'il y a en Turquie beaucoup de *Turcs*; non : les habitants les plus nombreux sont les *Slaves*, divisés en *Bulgares*, *Serbes* et *Bosniaques*; ensuite on y trouve des *Roumains*, des *Grecs*, des *Albanais*, etc. C'est un étrange assemblage de toutes sortes de peuples.

Avançons-nous au sud de la Turquie, et finissons notre voyage par la *Grèce*, petit mais célèbre royaume, aux côtes pittoresquement découpées, et formant, avec la Turquie, une grande presqu'île, terminée par une autre presqu'île que vous connaissez déjà, la Morée. La Grèce ne joue pas aujourd'hui un rôle important en Europe ; saluons-la cependant avec respect, car elle a été la mère de la civilisation européenne, le berceau des arts, des lettres et des sciences qui se sont répandus dans notre partie du monde ; ce petit coin de terre a vu naître un grand nombre d'hommes de génie dans tous les genres; il offre à la curiosité des voyageurs des restes précieux de sa splendeur passée. Nous admirons surtout de beaux monuments antiques dans sa capitale, *Athènes*, jadis si brillante.

Des îles nombreuses dépendent de la Grèce : d'un côté, dans l'Archipel, sont les *Cyclades* et *Négrepont*; de l'autre, les îles *Ioniennes*; presque toutes sont riches en vin et en huile, et rappellent d'intéressants souvenirs. — La belle île de *Candie* (autrefois *Crète*) est près de la Grèce aussi, mais elle n'en dépend pas : elle appartient aux Turcs.

QUESTIONNAIRE. Où est située l'Espagne? — Quelles en sont les villes principales? — Où est le Portugal? — Quelles en sont les deux plus grandes villes? — Quelle est la situation de l'Italie? — Quels sont les deux Etats qu'elle renferme? — Par quoi Rome est-elle remarquable? — Quels sont les pays principaux qui composent le royaume d'Italie? — Quelles sont les villes principales de ce royaume? —

Le Parthénon à Athènes.

Quelle est la situation de la Turquie d'Europe? — Que dites-vous de la situation de sa capitale? — Quelles sont les autres grandes villes de ce pays? — Quelles sont les deux importantes principautés qui reconnaissent la suzeraineté de la Turquie? — Quelles villes y remarque-t-on? — Où est située la Grèce? — Qu'est-ce qui a rendu ce pays célèbre? — Quelle en est la capitale? — Quelles en sont les îles?

DIX-SEPTIÈME ENTRETIEN.

ASIE.

Voyageons aujourd'hui en Asie. Cette partie du monde est beaucoup plus grande que l'Europe, à l'E. de laquelle elle s'étend; elle s'avance bien plus loin vers le pôle, et s'approche aussi bien plus de l'équateur. Il y fait très-froid au nord et très-chaud au sud. Elle forme vers son centre un vaste plateau, généralement triste et nu; ailleurs, sous les latitudes tempérées et chaudes, elle a des parties fertiles et magnifiques.

L'Asie est baignée par l'océan Glacial au nord, le Grand océan à l'est, et l'océan Indien au sud. Ses côtes sont irrégulières, comme celles de l'Europe; on voit s'y enfoncer des mers et des golfes en grand nombre : comme le golfe *Persique*, la mer d'*Oman*, le golfe du *Bengale*, la mer de *Chine*, la mer *Jaune*, la mer du *Japon*, la mer de *Beering*, etc.; au nord, s'avance fort loin le cap *Nord-Est*; à l'est, le cap *Oriental* s'approche de l'Amérique, et n'en est séparé que par le détroit de *Beering*. Le cap *Bourou* forme la pointe la plus méridionale de l'Asie; et le cap *Baba*, la pointe la plus occidentale.

Les deux presqu'îles de l'*Inde* se montrent au sud : l'une, celle de l'ouest, prend le nom particulier d'*Hindoustan*, et forme la plus riche région de l'Asie; elle appartient presque entièrement aux Anglais. Celle de

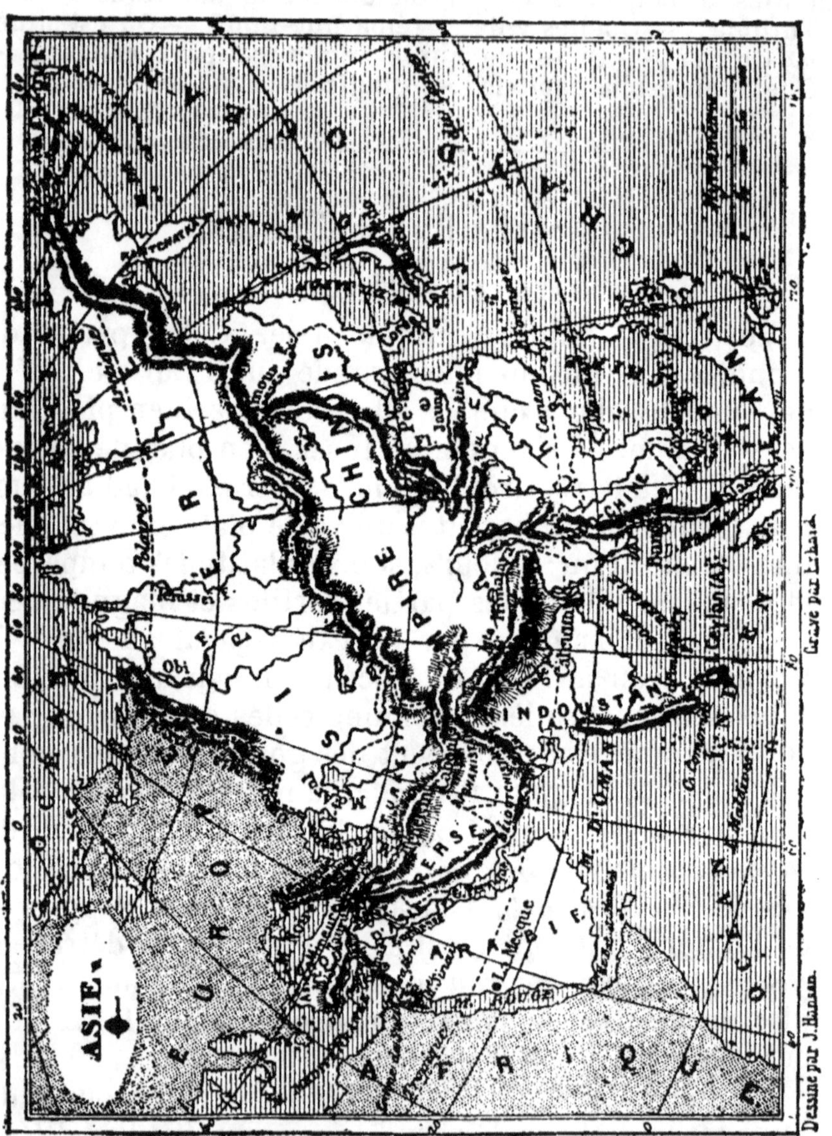

l'est s'appelle *Indo-Chine*, et se termine par une autre

presqu'île, longue et étroite, qu'on nomme *Malaka*
Près de la pointe de l'Hindoustan, on remarque l'île
de *Ceylan*, une des plus belles contrées du monde.

Au sud-ouest, est la presqu'île d'*Arabie*; à l'ouest,
celle de l'*Asie Mineure*, à côté de laquelle est la jolie
île de *Chypre*.

A l'E., l'Asie nous offre les presqu'îles de *Corée* et
de *Kamtchatka*. A l'E. aussi, on voit les importantes
îles du *Japon*, la belle île *Formose* et celle de *Haï-nan*.

Les monts *Himalaya*, que nous voyons dans le sud
de l'Asie, sont les plus hautes montagnes du monde.
On remarque dans l'ouest le mont *Taurus* et le mont
Liban; dans le centre, les monts *Altaï* et *Célestes*.

Il y a en Asie de bien plus grands fleuves qu'en Europe : l'*Obi*, l'*Iénisei* et la *Léna* coulent au nord ; —
l'*Amour*, le fleuve *Jaune* et le fleuve *Bleu* ou *Kiang*,
à l'est ; — le *Gange* et l'*Indus*, au sud ; — l'*Euphrate* et
le *Tigre*, au S. O.; — le *Djihoun* ou *Oxus*, à l'O.

Ce dernier se jette dans une mer intérieure qu'on
nomme mer d'*Aral* et qui n'est réellement qu'un grand
lac, comme la mer *Caspienne*, sa voisine, située sur la
limite de l'Europe et de l'Asie.

Près de la Méditerranée, vous apercevez un autre
lac bien moins considérable, mais non moins célèbre :
c'est celui qu'on appelle mer *Morte* ou lac *Asphaltite*,
d'une eau extrêmement salée, et où ne vit aucun poisson. Le *Jourdain*, petit fleuve très-fameux aussi, va
s'y jeter.

Tout le nord de l'Asie est occupé par un vaste pays
très-froid et très-triste, nommée *Sibérie* ou *Russie
d'Asie*.

Dans l'ouest, nous voyons la *Turquie d'Asie*, la *Perse*,
l'*Afghanistan* et le *Turkestan*.

Vue de Pé-king.

Dans l'est, se trouve le grand empire de la *Chine*, qui est l'État le plus peuplé du globe; — à côté, est l'empire du *Japon*, entièrement composé d'îles. — Tous deux sont remarquables par leurs productions variées, par leur antique civilisation et par l'intelligence de leurs habitants, qui sont de la race jaune.

C'est dans ces deux empires que sont les plus grandes villes de l'Asie : *Pé-king*, capitale de la Chine; — *Nan-king* et *Canton*, dans le même empire; — *Miako* et *Yédo*, capitales du Japon.

Il y a aussi beaucoup de villes très-populeuses dans l'Hindoustan : *Calcutta*, *Bombay* et *Madras*, ports fameux, sont les principales de ces villes; elles appartiennent aux Anglais. Les Français ont, dans ce pays, *Pondichéry* et quelques autres endroits. — Dans l'Indo-Chine, sont *Saïgon*, capit. de notre colonie de la *Basse-Cochinchine*, et *Bangkok*, capitale du royaume de Siam.

Dans l'ouest, remarquez, en Perse, *Téhéran*, *Ispahan;* — et, dans la Turquie d'Asie, *Bagdad*, *Smyrne*, *Damas*, surtout *Jérusalem*, aujourd'hui peu considérable, mais si fameuse dans l'ancienne histoire de la religion. Il y a d'ailleurs dans cette partie de l'Asie beaucoup de restes curieux de villes autrefois très-grandes et très-puissantes : par exemple, *Babylone* et *Ninive*, qui étaient plus vastes et plus magnifiques que notre Paris actuel.

QUESTIONNAIRE. Quelle est la situation de l'Asie? — Quelle est son étendue? — Quels sont les mers, les golfes et les détroits qui l'entourent? — Quels en sont les principaux caps et les principales presqu'îles? — Dites-en les principales îles, les montagnes, les fleuves, les lacs. — Quels sont les pays les plus importants de l'Asie? — Quelles en sont les plus célèbres villes? — Quelles possessions considérables les Anglais ont-ils dans le sud de cette partie du monde? — Qu'y possèdent les Français?

DIX-HUITIÈME ENTRETIEN.

AFRIQUE.

Nous avons parcouru l'Europe et l'Asie ; pénétrons maintenant dans cette Afrique, si redoutable par son climat brûlant. L'équateur la traverse, et il y a, dans une partie de l'intérieur, de grands déserts de sable, dont le plus vaste est le Sahara.

Ces déserts, ce climat si chaud, les mœurs farouches des populations, ont empêché les voyageurs de visiter partout l'Afrique, qui nous est encore inconnue sur de grands espaces.

La mer (c'est-à-dire l'océan Atlantique, l'océan Indien et la Méditerranée) entoure presque de tous côtés cette partie du monde : elle ne tient au reste du continent que par l'isthme de *Suez*, resserré entre la mer Méditerranée et la mer Rouge, et où l'on vient de creuser un large canal de navigation pour unir ces deux mers : c'est un des plus magnifiques et des plus utiles travaux qu'on ait faits sur le globe, et il est dû à un Français.

L'Afrique a une forme régulière, et offre des côtes presque sans découpures, cependant échancrées assez fortement à l'ouest par le golfe de *Guinée*. Large au nord, elle s'amincit beaucoup vers le sud ; elle se termine de ce côté par le fameux cap de *Bonne-Espérance* et par une pointe encore plus avancée, qu'on nomme cap des *Aiguilles*.

Il n'y a qu'une seule grande île vers les côtes d'Afrique : c'est celle de *Madagascar*, au sud-est, dans l'océan Indien. Cependant on remarque aussi, dans cet océan, deux belles îles, la *Réunion* ou *Bourbon*, et *Maurice* (autrefois *île de France*), riches en café, en sucre, en

Dessiné par J. Hansen.   Gravé par Erhard.

coton, et qui appartiennent, la première aux Français, la seconde aux Anglais.

Dans l'océan Atlantique, les principales îles afri-

Les bords du Nil, en Egypte.

caines sont les *Canaries* (aux Espagnols), fertiles en bons fruits et en vins renommés, comme leurs voisines, les îles *Madère*, qui appartiennent aux Portugais.

Il existe, dans le même océan, une petite île qui a acquis une grande célébrité : c'est *Sainte-Hélène*, où fut exilé et où mourut l'illustre empereur Napoléon Ier, transporté par les Anglais sur cette terre reculée, après de grands malheurs que je vous expliquerai plus tard.

Cette chaîne de montagnes qui s'étend dans le nord-ouest de l'Afrique est le mont *Atlas*.

Ce long fleuve qui coule dans le nord-est, et qui va se jeter dans la Méditerranée, est le *Nil*, formé par deux grandes branches, le *Nil Blanc* et le *Nil Bleu*. Il s'est passé bien des événements sur ses bords. Vous en connaissez déjà quelques-uns, puisque vous avez appris l'histoire de Joseph et de Moïse, et je vous en raconterai d'autres quelque jour.

A l'ouest, le *Sénégal*, la *Gambie*, le *Niger*, le *Zaïre*, vont tomber dans l'Atlantique. — Du côté opposé, le *Zambèze* se jette dans l'océan Indien.

Il y a, au centre de l'Afrique, plusieurs grands lacs; celui que vous voyez au milieu de la partie la plus large de cette contrée, est le lac *Tchad;* un peu plus au sud, sous l'équateur même, sont les lacs *Victoria* et *Albert*, à la source du Nil Blanc. Ce sont des Anglais qui les ont découverts, tout récemment, et ils leur ont donné les noms de leur reine et du prince son époux.

Quand on entre en Afrique par l'isthme de Suez, le premier pays qu'on trouve est l'*Égypte*, fort célèbre par sa vieille civilisation et ses beaux monuments antiques.

La grande contrée qu'on voit ensuite s'étendre le long de la Méditerranée est la *Barbarie*. On y rencontre le royaume de *Tripoli*, la *Tunisie*, l'*Algérie*, qui appartient aux Français, et l'empire de *Maroc*.

Au sud de l'Égypte, et vers la mer Rouge, vous remarquez la *Nubie* et l'*Abyssinie* ou *Éthiopie*.

Au milieu de l'Afrique se trouve la *Nigritie* ou le *Soudan*, grand pays habité principalement par des nègres, c'est-à-dire par ces hommes noirs qui ont les cheveux laineux, le nez large et épaté, les lèvres grosses, la bouche très-grande.

Mais il y a des nègres aussi dans beaucoup d'autres régions africaines : par exemple, dans la *Sénégambie* et la *Guinée*, situées à l'ouest, et dans les pays de *Zanguebar* et de *Mozambique*, situés à l'est.

Dans le sud habitent les *Cafres* et les *Hottentots*, qui diffèrent assez des nègres, surtout par leur teint un peu moins foncé et moins luisant.

La ville la plus peuplée de l'Afrique est *Le Caire*, capitale de l'Égypte, sur le Nil. *Alexandrie*, dans le même pays, est un port très-fréquenté, sur la Méditerranée.

Longeons encore les côtes de la Méditerranée, et nous rencontrons *Tunis*, *Alger*. A quelque distance de la mer, nous voyons *Fez*, la plus grande ville de l'empire de Maroc.

A l'extrémité méridionale de l'Afrique, s'élève la jolie ville du *Cap*, qui est le chef-lieu de la colonie anglaise du Cap, ainsi nommée du cap de Bonne-Espérance.

La plus grande ville de toutes les îles d'Afrique est *Port-Louis*, chef-lieu de Maurice ; son nom rappelle que la France a autrefois possédé cette belle colonie.

QUESTIONNAIRE. Quelle est la situation de l'Afrique ? —

Quel est l'isthme qui la joint à l'Asie ? — Que dites-vous de la forme de l'Afrique? — Quels caps célèbres la terminent au sud? — Quel est le principal désert africain? — Pourquoi une grande partie de l'Afrique nous est-elle inconnue? — Quelles sont les principales îles de l'Afrique? — Quelle est la plus célèbre chaîne de montagnes de cette partie du monde? — Quels en sont les principaux fleuves? — les principaux lacs? — Quel pays rencontre-t-on le premier quand on entre en Afrique par l'isthme de Suez? — Quelle grande contrée trouve-t-on le long de la Méditerranée, et quelles en sont les divisions? — Quelles régions habitées par des nègres voit-on au centre de l'Afrique? — à l'ouest? — à l'est? — Quels peuples bruns, un peu différents des nègres, remarque-t-on au sud? — Quelles sont les villes principales de l'Afrique?

DIX-NEUVIÈME ENTRETIEN.

AMÉRIQUE.

Nous sommes restés dernièrement en Afrique. Partons de cette contrée, allons à l'ouest, et traversons l'océan ; nous arriverons en Amérique, cette immense partie du monde qui s'allonge du nord au sud, entre l'Atlantique et le Grand Océan ou océan Pacifique.

Nous abordons dans l'*Amérique méridionale*, qui ressemble un peu à l'Afrique, et qui est chaude comme elle, mais moins sèche. Elle se termine au sud par le cap *Horn*. Elle tient au nord à l'*Amérique septentrionale* par l'isthme de *Panama*.

L'*Amérique septentrionale* a des côtes fort découpées, comme l'Europe et l'Asie. Elle s'avance fort loin vers le nord, dans l'océan Glacial; il y fait si froid de ce côté, il y a tant d'amas de glace dans les mers qui la baignent, qu'on n'a pas pu aller jusqu'où elle se termine.

Au sud, elle s'amincit beaucoup et elle est échan-

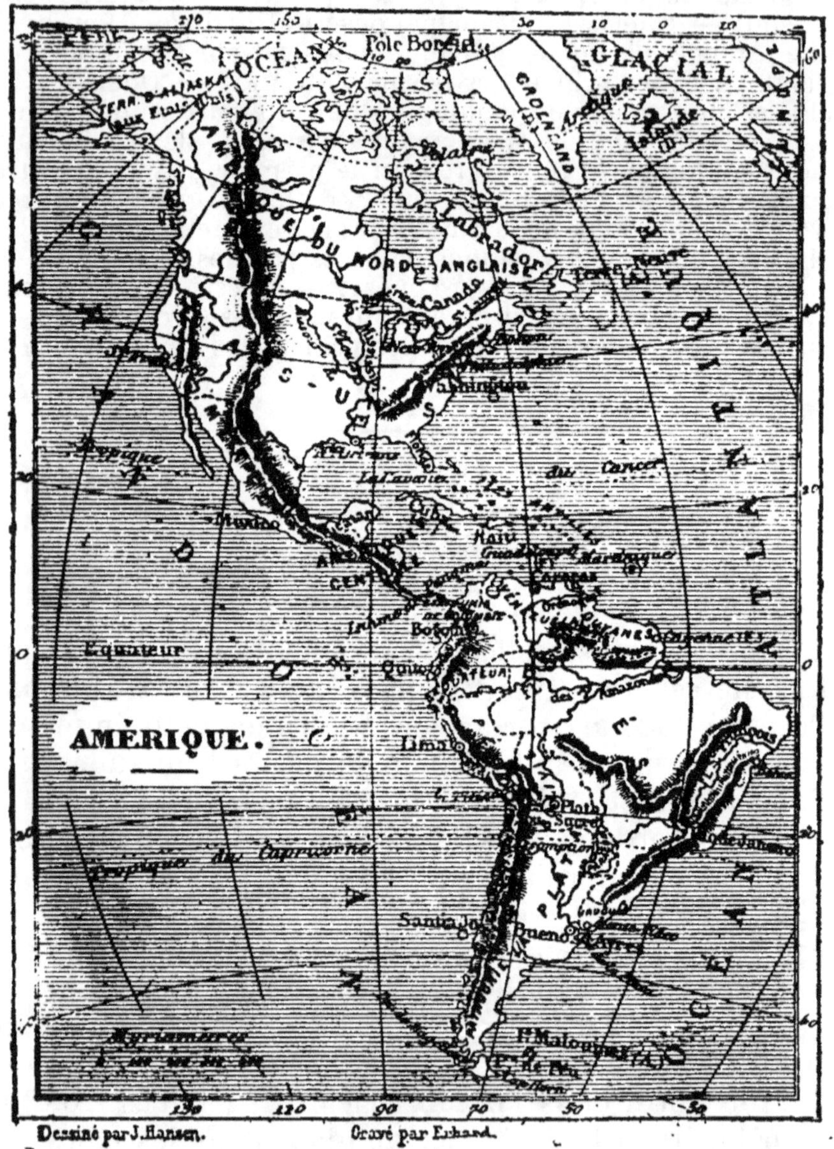

Dessiné par J. Hansen. Gravé par Erhard.

crée par un grand enfoncement de l'Atlantique qui

prend les noms de golfe du *Mexique* et de mer des *Antilles*.

La mer d'*Hudson* pénètre dans les terres au nord-est ; à côté, vous voyez la grande presqu'île de *Labrador*, près de laquelle sont le golfe *Saint-Laurent* et l'île de *Terre-Neuve*, célèbre par la pêche de la morue.

Un peu plus au sud est la presqu'île de *Nouvelle-Écosse*.

La *Floride* et le *Yucatan* sont d'autres presqu'îles très-remarquables de la côte orientale de la même Amérique.

Cette longue et mince presqu'île que vous remarquez à l'ouest, est la *Californie*, ou plutôt la *Basse-Californie*.

A côté, s'enfonce un golfe très-allongé, qu'on nomme *golfe de Californie* ou mer *Vermeille*. — Plus loin, nous retrouvons la mer et le détroit de *Beering*, que nous avons déjà vus en Asie et qui séparent cette partie du monde de l'Amérique.

Entre les deux Amériques on rencontre les nombreuses îles *Antilles*, dont les plus grandes sont *Cuba* (aux Espagnols), *Haïti* (indépendante), la *Jamaïque* (aux Anglais) et *Porto-Riço* (aux Espagnols). — Remarquez-y encore les îles *Lucayes* (aux Anglais), où l'illustre Christophe Colomb aborda en Amérique pour la première fois, en 1492 ; — la *Guadeloupe* et la *Martinique*, belles îles françaises ; — la *Barbade* et la *Trinité*, aux Anglais.

A l'extrémité méridionale de l'Amérique est l'archipel de la *Terre de Feu*, très-froide, malgré ce nom, et séparée du continent par le détroit de *Magellan*, ainsi nommé du grand navigateur qui a fait le premier voyage autour du monde.

Une immense chaîne de montagnes parcourt toute la longueur de l'Amérique. Elle s'appelle, dans le nord,

Aspect de la mer au polaire.

monts *Rocheux*, et, dans le sud, *Cordillère des Andes*. Il y a en Amérique beaucoup de fleuves et de rivières. C'est là qu'on trouve les deux plus grands cours d'eau connus : l'un, dans l'Amérique septentrionale, est le *Mississipi*, qui reçoit le *Missouri*; l'autre est l'*Amazone*, dans l'Amérique méridionale. Ce dernier fleuve est le plus large et le plus majestueux du globe.

Distinguez encore, dans le nord, le *Saint-Laurent*, et, dans le sud, le *Rio de la Plata*, tous deux remarquables par leur grande largeur.

L'Amérique a également beaucoup de lacs. Le plus vaste est le lac *Supérieur*, à la suite duquel on rencontre les lacs *Huron, Michigan, Érié* et *Ontario*, très-grands aussi. Entre ces deux derniers, on admire la cataracte de *Niagara*, qui passe pour la plus magnifique du monde.

Le lac *Titicaca* est le plus remarquable de l'Amérique du sud; il se trouve au milieu de la Cordillère des Andes.

Dans la partie la plus septentrionale et la plus froide de l'Amérique, on trouve le *Greenland*, qui est un grand pays fort peu connu. Il appartient aux Danois, et a pour indigènes des peuples de très-petite taille qu'on nomme *Eskimaux*.

Un peu plus bas, remarquez la vaste étendue qu'on appelle *Amérique du nord anglaise* et dans laquelle est compris le *Canada*, ancienne colonie française, dont les habitants ont conservé les mœurs et la langue de la France.

Les *États-Unis* occupent le milieu de l'Amérique septentrionale : c'est une réunion de plusieurs États républicains, qui ont promis de se soutenir mutuellement. La civilisation y est très-avancée, et le commerce très-florissant. Partout y circulent les bâtiments à va-

Cataracte du Niagara.

peur sur de magnifiques fleuves ou de vastes lacs, et les wagons sur de nombreux chemins de fer. Les principaux de ces États sont ceux de *New-York*, de *Pennsylvanie*, de *Virginie*, des deux *Carolines*, d'*Ohio*, la *Louisiane*, que la France a possédée, la *Californie*, riche en mines d'or, etc.

Le *Mexique* et l'*Amérique centrale*, qu'on voit dans le sud de l'Amérique septentrionale, sont de fort beaux pays, autrefois aux Espagnols, maintenant républiques bien agitées et assez malheureuses, malgré leur belle situation, malgré la richesse de leur sol, et malgré leurs célèbres mines d'argent et d'or. L'Amérique centrale est surtout admirablement placée; elle est tout entière un long isthme, qu'on pourra couper sur plusieurs points par des canaux ou des chemins de fer, pour communiquer d'un océan à l'autre.

L'Amérique méridionale comprend, au nord, la *Colombie* ou *Nouvelle-Grenade* et le *Vénézuéla*, anciennes colonies espagnoles, aujourd'hui républiques; elle renferme aussi de ce côté les *Guyanes*, où les Anglais, les Hollandais et les Français ont des possessions.

A l'est, se trouve le grand empire du *Brésil*, un des pays les plus riches du monde en toutes sortes de productions, mais qui a encore peu d'habitants. C'est une ancienne colonie portugaise. Il y a d'épaisses forêts, formées des arbres les plus majestueux, entrelacés de lianes innombrables.

A l'ouest, le long du Grand Océan, sont quatre républiques : celle de l'*Équateur*, qui, malgré sa position, est d'un climat tempéré dans une grande partie de son étendue, à cause des hautes montagnes qui la couvrent; — le *Pérou*, fameux par ses mines d'argent et d'or, mais dont la principale richesse est l'excellent engrais appelé *guano*, que des animaux ont produit

Un tremblement de terre.

sur de petites îles désertes ; —la *Bolivie*, qui a d'abondantes mines d'argent ; — le *Chili*, resserré entre les Andes et l'Océan, et qui jouit d'une douce température, d'un sol fertile, de mines très-productives : c'est l'État de l'Amérique méridionale qui a fait le plus de progrès dans l'industrie, le commerce, les lettres et les sciences. Malheureusement, ce beau pays, ainsi que les précédents, est exposé à de terribles et fréquents tremblements de terre.

Au sud, on distingue les républiques de l'*Uruguay* et du *Paraguay*, et la *Confélération Argentine* ou de *la Plata*, contrées belles et tempérées, qui appartenaient à l'Espagne ; — enfin la *Patagonie*, pays triste et sauvage, dont les habitants, appelés Patagons, passent pour le peuple de la plus haute taille.

Ces hommes sont une des populations indigènes de l'Amérique, c'est-à-dire un de ces peuples, à la peau généralement rougeâtre, qu'on appelle *Indiens* (comme les habitants du midi de l'Asie, parce que l'on crut d'abord, quand on découvrit le Nouveau Monde, que c'était une partie de l'Inde). Les indigènes américains diminuent tous les jours et sont refoulés dans les régions les plus reculées par la race blanche, qui devient peu à peu la maîtresse de tout ce continent.

Parcourons maintenant les villes principales de l'Amérique :

Au nord, dans le Canada, on distingue *Montréal* et *Québec,* qui ont été bâties par les Français.

Dans les États-Unis, le plus florissant et le plus puissant pays du Nouveau Monde, se trouvent une foule de grandes villes : la capitale, *Washington*, n'est pas la plus importante ; c'est *New-York* qui a le premier rang, avec un des ports les plus beaux et les plus fréquentés du monde ; ensuite viennent *Philadelphie*, *Boston*, *Baltimore*, la *Nouvelle-Orléans*, *San-Francisco*, qui sont des ports aussi ; *Saint-Louis*, *Cincinnati*, *Chicago*, dans l'intérieur.

Remarquons, après cela, *Mexico*, belle capitale du Mexique, et *Guatémala*, la plus grande ville des petits États de l'Amérique centrale.

Dans l'Amérique du sud, on distingue *Bogota*, capitale de la Colombie ; — *Caracas*, capitale du Vénézuéla ; — *Rio-de-Janeiro*, capitale du Brésil, la plus grande ville et le port principal de cette Amérique ; — *Buenos-Ayres*, autre port très-fréquenté ; — *Quito*, capitale de l'Équateur ; — *Lima*, capitale du Pérou ; — *La Plata* ou *Sucre*, capitale de la Bolivie ; — *Santiago*, capitale du Chili.

Dans les Antilles, la plus importante ville est *La Havane*, chef-lieu de l'île de Cuba, et l'un des ports prinpaux du globe.

QUESTIONNAIRE. Quelle est la situation de l'Amérique? — Quelles sont les deux grandes parties de l'Amérique, et quelles différences de formes remarque-t-on entre elles? — Par quel isthme sont-elles réunies? — Quels sont les océans, les mers, les détroits et les grands golfes qui entourent l'Amérique? — Quelles sont les presqu'îles et les îles principales de cette partie du monde? — Quelles en sont les grandes chaînes de montagnes? — les principaux fleuves? — les principaux lacs? — Quelles sont les contrées de l'Amérique du nord? — Quelles sont celles de l'Amérique du sud? — Quelles grandes villes remarque-t-on dans l'Amérique du nord? — dans l'Amérique du sud? — dans les Antilles?

VINGTIÈME ENTRETIEN.

OCÉANIE·

Pour visiter toutes les parties du monde, il nous reste à voir l'Océanie. Allons-y, en partant de l'Amérique à l'ouest, et parcourons le Grand Océan, qu'on appelle aussi, comme vous savez, océan Pacifique, quoiqu'il y ait autant d'agitation dans ses eaux et autant de tempêtes qu'ailleurs. Nous y naviguons longtemps, sans presque rencontrer d'îles ; mais ensuite des archipels innombrables s'y présentent : nous voilà dans la partie de l'Océanie qu'on appelle justement, à cause de cela, *Polynésie*, ce qui veut dire *beaucoup d'îles.* Ici, sont les îles *Marquises*, qui appartiennent aux Français et qui ont des populations d'une belle apparence, mais encore anthropophages; — là, les charmantes îles de la *Société* ou *Tahiti*, qui sont sous notre protection, et dont la population est très-douce; — plus loin, les îles *Sandwich* ou *Havaii*, qui forment un royaume florissant et dont les habitants, très-sauvages il y a un siècle, sont aujourd'hui tous civilisés, chrétiens et versés dans les connaissances européennes ; — les îles des *Navigateurs*, dont les indigènes sont très-habiles dans l'art de diriger leurs canots légers et élégants ; — les îles des *Amis*, ainsi nommées par le grand voyageur Cook à cause de l'accueil amical qu'il y reçut.

Plus au sud, vous voyez les deux grandes îles de la *Nouvelle-Zélande*, qui sont placées dans la partie du globe la plus opposée à la France ; c'est-à-dire que les habitants de ce pays ont les pieds tournés en face des nôtres : ils sont nos *antipodes.* Les Anglais

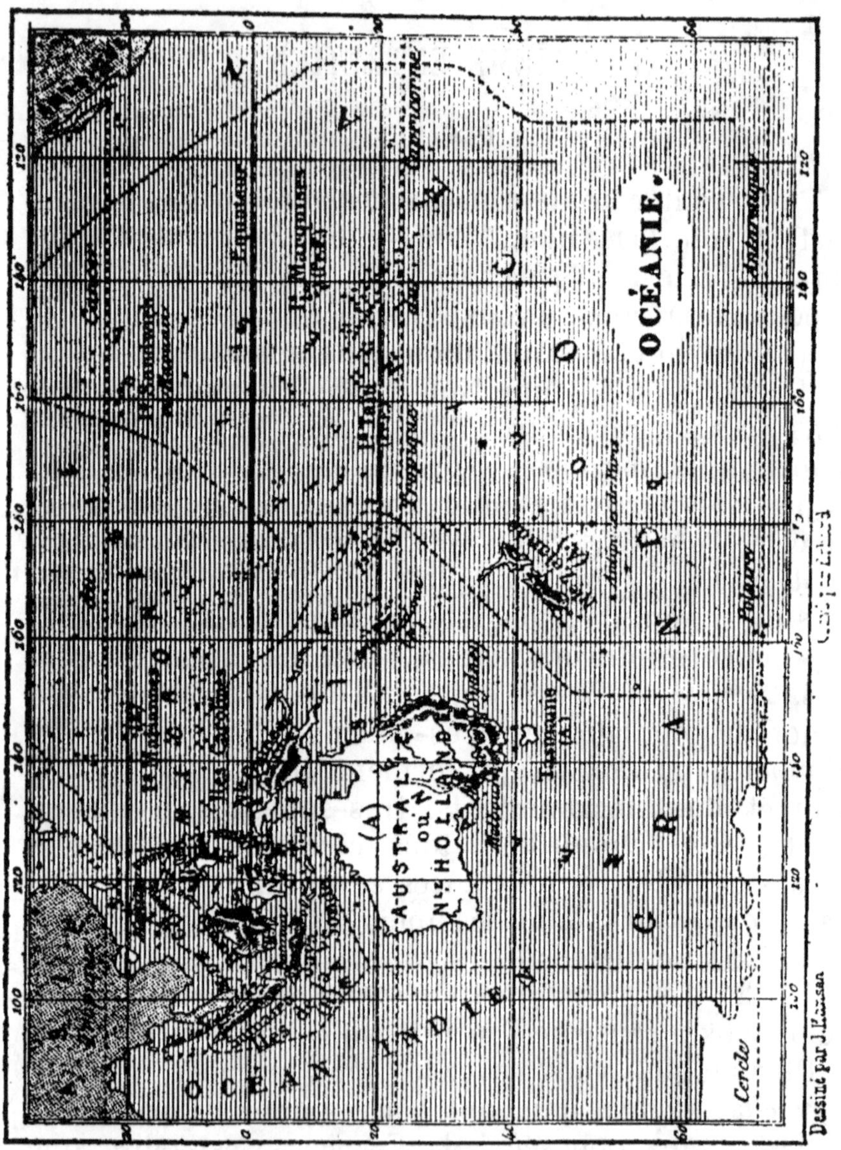

ossèdent cette importante contrée, qu'ils ont conquise sur les indigènes, malgré la courageuse résistance de ceux-ci, beaux et vigoureux sauvages, au teint olivâtre.

Nous arrivons enfin dans l'*Australie*, la terre principale de toute l'Océanie; c'est plus qu'une île, et on peut l'appeler un continent. Les Hollandais la découvrirent au commencement du dix-septième siècle, et la nommèrent *Nouvelle-Hollande*. Les Anglais s'y sont établis il y a environ quatre-vingts ans; peu à peu, ils ont pris possession de toute la partie connue, et en ont formé une magnifique colonie, où l'on a introduit les plantes et les animaux de l'Europe; il y a surtout de nombreux troupeaux de moutons et de bœufs; il y règne une civilisation très-avancée; de grandes villes s'y sont élevées; des chemins de fer y circulent; c'est comme une nouvelle Europe qui fleurit dans l'hémisphère austral et qui deviendra certainement rivale de l'ancienne. Noublions pas une de ses grandes richesses, les mines d'or.

Un vaste enfoncement, nommé golfe de *Carpentarie*, pénètre sur la côte du nord. Le plus grand fleuve est le *Murray*, au sud.

Les deux plus importantes provinces sont la *Nouvelle-Galles du sud* et la *Victoria*. La capitale de la première est *Sydney*; celle de la seconde, *Melbourne*, la plus grande ville de l'Australie. Ce sont deux ports très-animés.

Une grande partie de l'intérieur du continent est encore inconnue, quoique quelques voyageurs courageux l'aient traversé de part en part, du sud au nord, dans ces dernières années. Les indigènes sont des noirs très-sauvages et très-abrutis.

La *Tasmanie* est une autre colonie anglaise, près et

au sud de l'Australie. La *Nouvelle-Guinée*, l'une des plus grandes et des plus belles terres de l'Océanie, mais habitée par des peuples tout à fait sauvages, est au nord du continent. — A l'est, sont les archipels de la *Nouvelle-Bretagne*, de *Salomon;* — celui de *La Pérouse*, ainsi nommé d'un illustre voyageur français qui y a fait naufrage; — les îles *Viti;* — la *Nouvelle-Calédonie*, qui appartient à la France. — Les indigènes de toutes les terres que nous venons de nommer, à partir de l'Australie, ayant la peau noire, on a donné à cette partie de l'Océanie le nom de *Mélanésie*, ce qui veut dire les *îles des Noirs*.

Remontons au nord et au nord-ouest de l'Australie, et nous entrons dans un grand et magnifique archipel voisin de l'Asie et nommé *Malaisie*, à cause des peuples *malais* qui l'habitent; ces peuples, au teint olivâtre et basané, se distinguent par leur intelligence, par leur habileté dans le commerce, mais aussi par leur ruse et leur perfidie.

Parcourons d'abord les îles de la *Sonde*, formant une longue chaîne qui commence à *Sumatra* et qui renferme au milieu la belle île de *Java*, la plus peuplée et la mieux cultivée de toutes les terres de la Malaisie. Les Hollandais ont cette contrée, ainsi que la plupart des autres îles de la Sonde, et ils y récoltent de précieuses productions : du riz, du coton, du café, du sucre, des épices, etc.

L'île de *Bornéo*, traversée au milieu par l'équateur, est la plus grande île de la Malaisie. Les Hollandais en possèdent une partie. Ils ont, tout près de là, *Célèbes*, charmante île, mais d'une forme bizarrement contournée.

Un peu plus loin, ils dominent encore aux îles *Mo-*

luques, où abondent deux célèbres épices, les muscades et les clous de girofle.

Enfin, dans le nord de la Malaisie, sont les îles *Philippines*, qui appartiennent presque toutes aux Espagnols, et dont la principale est *Luçon*. Elles sont riches et fertiles, comme la plupart des îles précédentes.

Les deux plus grandes villes et les deux ports les plus commerçants de la Malaisie sont *Batavia*, dans Java, et *Manille*, dans Luçon. Ce sont les capitales des Hollandais et des Espagnols dans cette partie de l'Océanie.

Nous voyons, à l'est des Philippines, des îles assez nombreuses, mais fort petites, qui composent ce qu'on appelle la *Micronésie* (c'est-à-dire les *petites îles*). A travers les archipels qu'elles forment, remarquons les *Mariannes* (aux Espagnols), et les *Carolines*, entourées de dangereux récifs de corail, comme on en rencontre d'ailleurs beaucoup dans l'Océanie.

QUESTIONNAIRE. Où est située l'Océanie? — Qu'est-ce que la Polynésie? — Quelles en sont les principales îles? — Quelle est la plus grande terre de l'Océanie? — A qui appartient l'Australie? — Dites l'importance de cette colonie. — Quel grand golfe et quel grand fleuve y remarque-t-on? — Quelles en sont les provinces et les villes principales? — Quelles sont les autres terres principales de l'Océanie méridionale? — Quelle colonie les Français y ont-ils? — Où est la Malaisie? — Quelles en sont les îles principales? — les deux plus grandes villes? — Quelles sont les deux puissances européennes qui y ont d'importantes possessions?

VINGT-ET-UNIÈME ENTRETIEN.

FRANCE.

Description physique.

Maintenant que nous connaissons un peu tout le globe, étudions notre chère France. Remarquez la jolie forme à six côtés qu'elle présente dans la partie occidentale de l'Europe, entre la *Méditerranée* et l'océan *Atlantique*, et entre la Belgique, l'Allemagne, la Suisse, l'Italie et l'Espagne. L'océan Atlantique produit sur ses côtes la mer du *Nord*, le *Pas de Calais*, la *Manche*, la mer de *France* ou golfe de *Gascogne*. La mer Méditerranée y forme le golfe du *Lion*.

Notre belle patrie a une situation des plus avantatageuses; elle est baignée par deux grandes mers, qui favorisent son commerce maritime dans une double direction, et elle touche à des contrées avec lesquelles elle entretient d'actives relations, soit par l'échange des produits utiles, soit pour les voyages de plaisir, qui amènent en grand nombre les habitants d'un pays dans l'autre.

Remarquons d'ailleurs qu'elle est placée à une égale distance de l'équateur et du pôle arctique; que, par conséquent, elle se trouve au milieu de la zone tempérée. Le climat y est d'autant plus modéré, que les vents qui y soufflent le plus ordinairement viennent de l'océan Atlantique; or, l'océan a une température plus douce et plus égale que celle de l'intérieur des terres.

Sur la limite de la France et de l'Italie, s'élèvent les

hautes montagnes des *Alpes*, avec leur sommet culminant, le mont *Blanc*.

Les montagnes des *Pyrénées* sont sur les frontières
de l'Espagne.

Le mont Blanc.

Vers celles de la Suisse, on remarque le mont *Jura*.

Dans l'intérieur de la France, nous remarquons les *Vosges* au nord-est, les *Ardennes* au nord, la *Côte-d'Or* à l'est, les *Cévennes* et les montagnes d'*Auvergne* vers le milieu.

Le nord est la partie la plus plate du pays. Le nord-ouest et l'ouest sont les parties les plus humides, les plus propres aux herbages et les plus riches en bétail. L'est et le sud sont les plus favorables aux vins; le nord et une portion du centre sont les plus fertiles en blé.

La France envoie ses eaux dans deux grandes directions, comme un toit de maison, qui a deux pentes. D'un côté, en effet, est le versant de l'océan Atlantique; de l'autre, le versant de la Méditerranée; mais le premier se partage en trois autres versants : ceux de la mer du Nord, de la Manche et du golfe de Gascogne.

Le *Rhin* coule entre la France et l'Allemagne, et se dirige vers la mer du Nord. La *Moselle* va le rejoindre en Prusse. — La *Meuse* et l'*Escaut* se rendent aussi dans la mer du Nord.

La *Seine*, dont vous remarquez le cours sinueux, se jette dans la Manche, par une large embouchure, sur la côte nord-ouest de la France; elle reçoit l'*Aube*, la *Marne* et l'*Oise* (grossie de l'*Aisne*), à droite; — l'*Yonne* et l'*Eure*, à gauche.

La *Somme*, l'*Orne*, la *Vire* et la *Rance* se rendent encore dans la Manche.

La *Loire* et la *Garonne*, nommée *Gironde* dans son cours inférieur, sont les grands fleuves qui ont leur embouchure sur la côte occidentale. La Loire est la plus longue des deux; elle parcourt le cœur de la France, et reçoit, à droite, la *Nièvre*, la *Maine* (appelée d'abord *Mayenne*), grossie de la *Sarthe* et du *Loir;* — à gauche, l'*Allier*, le *Cher*, l'*Indre*, la *Vienne* et la *Sèvre nantaise.*

La *Garonne*, très-large après qu'elle a reçu la *Dordogne* et qu'elle a pris le nom de *Gironde*, se grossit de l'*Ariége*, du *Tarn*, du *Lot*, à droite, et du *Gers*, à gauche.

On remarque encore sur nos côtes occidentales les embouchures de la *Vilaine*, de la *Sèvre niortaise*, de la *Charente* et de l'*Adour.*

Le *Rhône*, au sud-est, se rend dans la Méditerranée. Ce fleuve, rapide et majestueux, forme, sur la frontière de la France et de la Suisse, le grand et beau lac de *Genève*. Il se grossit, à droite, de l'*Ain*, de la *Saône*, la plus lente de toutes nos rivières et qui a elle-même pour affluent le *Doubs*, au cours très-sinueux ; il reçoit encore à droite l'*Ardèche* et le *Gard;* — à gauche, l'*Isère*, la *Drôme* et la *Durance*, qui descendent des Alpes avec rapidité.

Les autres cours d'eau remarquables qui se jettent dans la Méditerranée sont l'*Aude*, l'*Hérault* et le *Var.*

Le plus grand de tous nos fleuves est le Rhin, avec un cours de 1300 kilomètres : mais il appartient peu à la France. Le second est la Loire (1100 kilomètres). Le Rhône vient ensuite ; puis la Seine, et enfin la Garonne, en y comprenant la Gironde.

QUESTIONNAIRE. Quelle est la situation de la France? — Faites comprendre les avantages de cette situation. — Quelles sont les principales montagnes de la France? — Quels sont les caractères généraux des différentes régions de la France? — Quels sont les fleuves principaux de chaque versant et leurs affluents les plus remarquables? — Quel est le grand lac que forme le Rhône?

VINGT-DEUXIÈME ENTRETIEN.

FRANCE.

Productions.

Notre pays est un des plus riches du monde en toutes sortes de productions.

Commençons par les *minéraux*.

Dans nos principales montagnes, nous avons des granites, des porphyres, des marbres, qui donnent lieu à d'importantes exploitations. On vante surtout les marbres des Pyrénées.

Le kaolin, ou terre à porcelaine, se trouve particulièrement dans le voisinage de la Vienne.

Les ardoises s'exploitent en quantité vers les bords de la Maine et de la Meuse.

Il y a des mines de sel gemme et des sources salées dans l'est de la France ; des marais salants sur les côtes de l'ouest et du midi.

De magnifiques colonnes de basalte ont été produites par les anciens volcans du centre de la France.

Nous n'avons pas de mines d'or exploitées ; mais quelques rivières qui descendent des Alpes, des Cévennes et des Pyrénées roulent des paillettes de ce métal.

L'argent et le plomb mêlés se trouvent dans la Bretagne, dans le bassin du Rhône et dans celui de l'Allier.

Le cuivre est peu commun en France ; la seule mine importante est dans le nord des Cévennes, entre le Rhône et la Loire.

Le fer est assurément une de nos grandes richesses.

Cependant nous sommes inférieurs, pour cet utile produit, à plusieurs pays et particulièrement à l'Angleterre. Nos régions qui en possèdent le plus sont les Pyrénées, les Alpes, le Jura, la Côte d'Or, les Cévennes, les Vosges, les Ardennes, les bassins du Cher, de la Nièvre, de la Vienne, de la Charente.

La houille, ou le charbon de terre, ce combustible précieux qui est l'âme de l'industrie, se trouve par grands bancs dans certaines régions qu'on appelle des *bassins houillers.* Nous en comptons une huitaine de principaux : vers l'Escaut ; vers la Sarre, affluent de la Moselle ; entre la Loire et la Saône ; entre la Loire et le Rhône ; vers le Cher ; vers le Gard ; vers le Tarn et son affluent l'Aveyron ; vers la Maine et vers la partie de la Loire qui avoisine cet affluent.

Malgré ces riches bassins, nous sommes loin d'avoir autant de houille que l'Angleterre, qui nous en fournit beaucoup ; et surtout nous avons moins de moyens commodes que notre puissante voisine pour le transport de ce combustible.

Occupons-nous maintenant des *végétaux.*

La plus importante des céréales, le blé ou froment, offre ses récoltes les plus abondantes dans les vastes plaines du nord de la France, au milieu des bassins de la Seine, de la Somme, de l'Escaut, et particulièrement dans deux pays voisins de Paris, qui sont la Beauce, vers l'Eure et le Loir, et la Brie, vers la Marne.

On remarque aussi, pour ce produit, à l'est, les bords de la Moselle, du Rhin, de la Saône ; au milieu, ceux de l'Allier, du Cher, de la Loire ; à l'ouest, ceux de la Maine, de la Sarthe, de la Vienne ; au sud, ceux de la Garonne, de l'Aude, etc.

Le seigle, la céréale des pays pauvres, parce qu'il

vient très-bien dans les lieux où le froment ne peut réussir, est récolté dans les Cévennes et quelques autres montagnes du centre : dans les Alpes ; dans la Bretagne ; sur les bords de la Creuse, affluent de la Vienne. Par un motif semblable, le sarrasin, ou blé noir, est un des produits des mêmes pays.

Le maïs ne réussit que dans le midi et l'est. Les bassins de l'Adour et de la Saône en ont d'excellent.

La vigne est, avec le blé, notre principale culture. Elle abonde à l'est, au centre et au sud, mais elle ne réussit pas au nord-ouest, trop humide : le voisinage de la Manche, du Pas de Calais et de la mer du Nord en est donc privé. Les vins les plus estimés sont ceux des bords de la Marne et de l'Yonne, des pentes de la Côte d'Or, des coteaux voisins de la Saône, du Rhône, de l'Hérault, de la Garonne.

Les pommes à cidre sont récoltées surtout dans le voisinage de la Manche, et y tiennent lieu de la vigne.

Le houblon, qui entre, avec l'orge, dans la composition de la bière, est particulièrement cultivé vers la Somme, l'Escaut et le Rhin.

La betterave à sucre est surtout l'objet d'une grande culture dans le nord.

Les orangers ne viennent en pleine terre qu'à l'extrémité sud-est de la France, sur la côte de la Méditerranée.

Nous avons en abondance deux excellentes plantes textiles : le lin et le chanvre. Le premier est l'objet d'une culture considérable dans les bassins de l'Escaut, de la Somme, du Rhin, de la Marne, de la Rance, de la Garonne. Le chanvre est cultivé activement aussi dans le voisinage de la Marne, de la Moselle, du Rhin, de la Saône, de l'Yonne, de la Mayenne, de la Vilaine, de la Somme.

Les mûriers propres à la nourriture des vers à soie ne se trouvent presque que sur le versant de la Méditerranée.

L'olivier ne se rencontre aussi que sur ce versant; la meilleure huile se fait près des bouches du Rhône et du Var. Les autres plantes oléagineuses principales sont le pavot, le colza, la navette, qui sont abondants surtout dans le nord de la France.

Les plantes tinctoriales les plus intéressantes de notre pays sont la garance, vers le Rhin et la Durance; le safran, aussi vers la Durance, et entre Paris et la Loire; le pastel, vers le Tarn; le tournesol des teinturiers, vers le Gard.

Les arbres de nos forêts sont le chêne, le hêtre, le charme, le frêne, le bouleau, le tremble, l'aune, l'orme, l'érable, le peuplier, le châtaignier, le sapin, le pin, le mélèze. Les parties les plus riches en bois sont les Ardennes, les Vosges, le Jura, la Côte d'Or, les Cévennes, les bassins de l'Yonne et du Cher, les Alpes, les Pyrénées, les plaines des Landes (dans le sud-ouest).

Les sapins se plaisent plus particulièrement sur les pentes escarpées des Vosges, du Jura, des Alpes, des Cévennes.

Les pins forment les forêts des Landes, et se trouvent abondamment aussi sur les Pyrénées et les Cévennes.

Les mélèzes préfèrent les Alpes.

Le chêne-liége, dont l'écorce est le liége, ne se rencontre guère que vers l'Adour et la Méditerranée.

Examinons enfin nos principaux *animaux*.

Les animaux domestiques les plus importants sont les chevaux, les mulets, les ânes, les bœufs et les vaches, les moutons, les porcs.

Les chevaux les plus estimés de la France sont ceux des bassins de l'Orne, de la Vire, de la Sarthe (dans un pays appelé Perche), du voisinage du Pas de Calais, des bords de la Vienne et de la Corrèze (dans le Limousin), des vallées des Pyrénées.

Les mulets et les ânes les plus renommés sont ceux du voisinage de la Vienne et des deux Sèvres.

Les meilleurs bœufs et les meilleures vaches sont élevés dans les beaux pâturages des bassins de l'Escaut (en Flandre), de l'Orne et de la Vire (en Normandie), de la Loire, de la Nièvre, de l'Yonne, de la Vienne, de la Mayenne, de la Sarthe; dans la Bretagne, les montagnes d'Auvergne, les Cévennes; sur les rives du Tarn, de la Garonne, et dans le delta du Rhône, qui s'appelle la Camargue.

Remarquons, en passant, que, dans la moitié méridionale de la France, on se sert généralement des bœufs pour labourer le sol, tandis que, dans le nord, on emploie les chevaux.

Les plus beaux moutons se trouvent dans les bassins de l'Escaut, de la Somme, de la Seine, du Cher, de l'Indre, du Tarn, du Rhône, et dans les montagnes des Pyrénées, des Alpes, du Jura, d'Auvergne et des Cévennes.

Les porcs sont surtout élevés dans les bassins de la Moselle, de la Saône, de l'Adour.

Les oiseaux domestiques les plus utiles sont le coq et la poule, qui offrent leurs meilleures espèces dans les bassins de la Seine, de la Sarthe, de la Charente, de la Saône.

On vante les oies des bords de la Garonne et du Rhin.

QUESTIONNAIRE. Citez quelques-unes des pierres les plus importantes de nos montagnes? — Où trouve-t-on le kaolin? — Les ardoises? — Le basalte? — Où exploite-t-on le sel? — Quelles sont les rivières qui roulent des paillettes d'or? —

Où trouve-t-on des mines d'argent et de plomb, de cuivre, de fer? — Où exploite-t-on la houille? — Quelles sont les parties de la France les plus riches en blé? — Où récolte-t-on le plus de seigle? — de sarrasin? — de maïs? — Où récolte-t-on les meilleurs vins? — les pommes à cidre? — le houblon? — la betterave à sucre? — Où les orangers viennent-ils en pleine terre? — Où cultive-t-on le plus de lin et de chanvre? — Où se trouvent les mûriers? — les oliviers? — Où récolte-t-on surtout le colza, la navette, le pavot? — Quels sont les principaux arbres de nos forêts? — Quels sont les principaux animaux domestiques de la France? — Où élève-t-on les meilleurs chevaux? — les mulets et les ânes les plus estimés? — les meilleurs bœufs? — les meilleurs moutons, etc.?

VINGT-TROISIÈME ENTRETIEN.

FRANCE.

Gouvernement et Administration.

Nous avons vu la France physique, c'est-à-dire les principaux traits dont la nature a marqué notre pays. — Aujourd'hui, je veux vous entretenir de ce que les hommes y ont établi, et d'abord de son gouvernement et de son administration.

A la tête de la France est l'Empereur, qui gouverne avec le concours de trois grandes assemblées : le Sénat, le Corps législatif et le Conseil d'État.

Il y a, sous la direction immédiate de l'Empereur, onze ministères, chargés de toutes les branches de l'administration : 1° le ministère de la justice et des cultes; 2° le ministère des affaires étrangères ; 3° le ministère des finances; 4° le ministère de l'intérieur; 5° le ministère de la guerre; 6° le ministère de la marine et des colonies ; 7° le ministère de l'instruction publique; 8° le ministère de l'agriculture et du commerce; 9° le ministère des travaux publics; 10° le ministère des beaux-arts ; 11° le ministère de la maison de l'Empereur.

La France est partagée en quatre-vingt-neuf départements. Chaque département se divise en plusieurs arrondissements.

Chaque département a un chef-lieu, c'est-à-dire une ville où réside un préfet, qui administre le département. Les arrondissements sont administrés par des sous-préfets, excepté l'arrondissement qui a pour chef-lieu le chef-lieu du département. Un arrondissement est partagé en plusieurs cantons.

Les cantons comprennent d'autres divisions plus petites appelées communes, qui sont administrées par des maires.

La justice est rendue, dans chaque canton, par les juges de paix ; au-dessus sont les tribunaux de première instance, dont un dans chaque arrondissement ; au-dessus de ces tribunaux sont des cours impériales, au nombre de vingt-huit. Enfin, il y a une cour supérieure à toutes les autres : c'est celle de Cassation, siégeant à Paris.

Le culte catholique est le plus répandu : il y a 17 archevêchés et 69 évêchés.

L'instruction publique est distribuée en dix-sept académies universitaires, à la tête de chacune desquelles est un recteur.

La France est partagée en 22 divisions militaires, qui sont réparties en 6 commandements.

Il y a cinq préfectures maritimes, qui ont pour chefs-lieux les cinq grands ports militaires de l'État : *Cherbourg*, *Brest*, *Lorient*, *Rochefort*, *Toulon*.

QUESTIONNAIRE. Quel est le gouvernement de la France ? — Quels sont les onze ministères ? — Combien de départements la France contient-elle? — Comment se subdivisent-ils? — Expliquez comment sont administrés les départements, les arrondissements, les communes? — Comment est rendue la justice dans les cantons, les arrondissements, etc.? — Combien y a-t-il d'archevêchés et d'évêchés? — En combien d'académies est distribuée l'administration de l'instruction publique? — En combien de divisions militaires et de commandements militaires la France est-elle partagée? — Quelles sont les cinq préfectures maritimes?

VINGT-QUATRIÈME ENTRETIEN.

FRANCE.

Départements, anciennes provinces et villes principales des versants de la mer du Nord et de la Manche.

Nous avons jeté un coup d'œil sur l'ensemble de la France dans nos précédents entretiens. Aujourd'hui, faisons un voyage à travers une partie du pays. Visitons les bords du Rhin, de la Meuse et de l'Escaut, c'est-à-dire le versant de la mer du Nord ; et ensuite nous nous promènerons sur les rives de la Seine, de la Somme et d'autres cours d'eau qui appartiennent au versant de la Manche.

Si nous descendons le Rhin, nous trouvons la belle région de l'*Alsace*, une des 38 anciennes provinces qu'ont remplacées les 89 départements actuels. Ce pays a appartenu à l'Allemagne, mais il est devenu français de cœur et d'âme ; une industrie active, une agriculture avancée et l'amour de l'instruction y distinguent la population. Le département du *Haut-Rhin*, qu'on trouve le premier, a pour chef-lieu *Colmar* ; mais la plus grande ville est *Mulhouse*, qui s'est accrue prodigieusement depuis cinquante ans, grâce à ses manufactures de toiles peintes, à ses filatures et à toutes sortes d'autres industries.

Le département du *Bas-Rhin*, dans lequel nous entrons ensuite, n'est pas moins riche que le précédent. La flèche élancée d'une grande cathédrale nous annonce son important chef-lieu, *Strasbourg*, la dixième ville de France.

Nous franchissons les Vosges, aux sommets arrondis, revêtus d'épaisses forêts de sapins, et nous pénétrons dans la *Lorraine*, qui est une des plus grandes et des plus fertiles anciennes provinces de la France. En descendant le cours de la Moselle, très-jolie rivière, nous voyons d'abord le département des *Vosges*, et son modeste chef-lieu *Épinal ;* nous regrettons de laisser de côté une charmante petite ville très-fréquentée pour ses eaux minérales : *Plombières.*

Ensuite nous parcourons le département de la *Meurthe*, où nous visitons avec intérêt la très-belle ville de *Nancy*, son chef-lieu, et *Lunéville,* qui a des fabriques de faïence.

Enfin nous arrivons au département de la *Moselle,* dont le chef-lieu, *Metz*, est une ville considérable et très-fortifiée. Nous sommes là vers la frontière de la Prusse, le plus grand royaume de l'Allemagne.

Suivons maintenant le cours de la Meuse : nous entrons dans le département auquel elle donne son nom et dont le chef-lieu, *Bar-le-Duc*, n'est pas une grande ville ; — puis dans le département des *Ardennes*, ainsi nommé de deux chaînes de montagnes couvertes de forêts ; nous y trouvons d'abord *Sedan*, célèbre par ses fabriques de draps, ensuite *Mézières*, fort petit chef-lieu du département, mais place très-forte et fameuse dans l'histoire des guerres.

Cathédrale de Strasbourg.

Portons-nous un peu plus à l'ouest; nous rencontrons l'Escaut, qui arrose les vastes et fertiles plaines de la *Flandre*, et nous sommes dans le département du *Nord*, le mieux cultivé, et, après celui de la Seine, le plus peuplé de la France ; le blé, le lin, le colza, le tabac, le houblon, les pâturages, les jardins, y offrent le plus riche aspect. *Lille*, chef-lieu de ce beau département, est une célèbre place forte et une ville manufacturière ; elle occupe le cinquième rang parmi nos grandes cités. Que de lieux importants nous aurions à voir dans ce pays si peuplé! Nommons du moins *Cambrai*, où le bon Fénelon fut archevêque ; — *Valenciennes*, dont les dentelles et les toiles sont renommées ; — *Douai*, ville savante ; — *Roubaix* et *Tourcoing*, qui se sont enrichies toutes deux par leurs fabriques de tissus et ont pris un accroissement prodigieux ; — *Dunkerque*, port de mer très-animé.

Suivons la côte de la mer du Nord et du pas de Calais, et pénétrons dans la Manche : le premier département que nous trouvons baigné par cette mer est celui du *Pas-de-Calais*, le plus voisin de l'Angleterre. C'est l'ancien *Artois*. Le sol y est fertile, et l'aspect en est à peu près aussi beau que celui de la Flandre. Le chef-lieu, *Arras*, ne vaut cependant pas Lille. Mais nous remarquons un port très-florissant et très-peuplé, *Boulogne*. — *Calais* est un autre port, fameux aussi, que les Anglais ont possédé pendant deux cents ans.

Allons un peu au sud; nous voilà dans la vallée de la Somme, en pleine *Picardie*. Le département de la *Somme*, qui a remplacé à peu près cette ancienne province, est riche en grains, en lin, en pommes à cidre, et l'on y exploite beaucoup de tourbe. A *Amiens*, son chef-lieu, sur la Somme, nous remarquons une très-

Bar-le-Duc.

belle cathédrale et des fabriques nombreuses de tissus divers. — *Abbeville*, sur la même rivière, a des manufactures de draps renommés.

Pénétrons maintenant dans le bassin de la Seine : entrons dans ce fleuve par sa large embouchure, et remontons-le : le premier département que nous rencontrons est celui de la *Seine-Inférieure*, le plus important des cinq qu'a formés l'ancienne *Normandie*. C'est un très-beau pays, où le sol se partage entre la culture des céréales, les herbages, et les pommes à cidre. A l'embouchure même de la Seine, est *Le Havre*, un de nos principaux ports. — Assez loin au-dessus de l'embouchure nous trouvons *Rouen*, chef-lieu du département, où abordent des navires nombreux, grâce à la marée qui remonte le fleuve : c'est la huitième ville de France ; signalons ses manufactures de toile de coton et ses curieux édifices gothiques. Elle a produit beaucoup d'hommes célèbres ; le plus illustre de tous est le poëte Pierre Corneille. — *Elbeuf*, si connue par ses draps, se voit aussi sur la Seine. — Nous laissons de côté *Dieppe*, joli port de mer, dans le nord du département.

Remontons toujours la Seine : nous sommes dans le département de l'*Eure*, très-agréable pays aussi, mais qui n'a pas de grandes villes : *Évreux*, le chef-lieu, et *Louviers*, qui fabrique des draps si estimés, sont les plus remarquables.

Nous quittons la Normandie, et nous entrons dans l'*Ile-de-France*, qui a été le berceau et le cœur de la monarchie française. Nous voilà dans le département de *Seine-et-Oise*, qui entoure Paris et qui produit des grains, des légumes, des fruits, pour alimenter cette grande capitale. *Versailles*, le chef-lieu, attire d'abord notre attention par son magnifique château, son musée

Cathédrale de Rouen.

historique, ses jardins. — Parmi les nombreux endroits intéressants qu'on pourrait encore citer dans ce pays, le plus important est *Saint-Germain*, sur la Seine, avec un château historique et une belle forêt.

Les villes, les bourgs et les villages se pressent en plus grand nombre ; les routes, les avenues, les chemins de fer, les maisons de plaisance, s'offrent de toutes parts ; .cela nous annonce l'approche de la capitale : nous sommes dans le département de la *Seine*, le plus petit de l'empire, mais le plus peuplé ; il est entièrement entouré par celui de Seine-et-Oise. *Paris*, le chef-lieu, en occupe le milieu, et s'étend sur les deux rives et sur deux îles de la Seine. Cette immense fourmilière, de deux millions d'âmes, n'est cependant que la seconde ville de l'Europe par la population, car Londres a plus d'habitants ; mais c'est la première du monde par le nombre, l'importance et la beauté des monuments, et par la culture des lettres et des sciences. — *Saint-Denis*, fameuse par l'église de son ancienne abbaye, est ensuite la ville la plus considérable du département. — Du reste, que d'autres lieux remarquables on pourrait nommer! *Vincennes*, *Boulogne*, près des jolis bois de même nom ; *Neuilly-sur-Seine*, *Sceaux*, *Charenton*, etc.

Avançons-nous toujours vers la partie supérieure de la Seine, et arrivons au département de *Seine-et-Marne* ; il abonde en précieuses productions : grains, raisins, bois de plusieurs magnifiques forêts, pierres meulières et de construction ; cependant il n'a pas de grandes villes. *Melun*, le chef-lieu, sur la Seine, est fort peu considérable ; *Fontainebleau* est célèbre par son château et sa forêt ; *Meaux*, par le séjour qu'y a fait l'éloquent évêque Bossuet.

Plus haut encore, est le département de l'*Aube*,

Vue de Paris. (Boulevard Montmartre.)

formé d'une partie de la *Champagne*, étrange pays qui tantôt est riant et fertile, tantôt offre de vastes plaines arides et nues. *Troyes*, le chef-lieu, est animé par ses fabriques de toiles et de bonneterie.

A droite de la Seine, nous visiterons d'autres parties de la Champagne, sur les bords de la Marne : ce sont les départements de la *Haute-Marne* et de la *Marne*. Le premier a pour chef-lieu *Chaumont*, et pour autre ville importante *Langres*; le second a pour chef-lieu *Châlons-sur-Marne;* mais une ville bien plus importante est *Reims*, qui possède deux antiques et célèbres églises et qui a été longtemps le lieu vénéré du sacre des rois de France ; aujourd'hui l'industrie des lainages et le commerce des vins de Champagne la rendent surtout intéressante.

En continuant de voyager à droite de la Seine, sur les rives de l'Oise et de son affluent l'Aisne, nous parcourons le beau département de l'*Aisne*, formé à la fois de la Picardie, de l'Ile-de-France et de la Champagne. Nous y remarquons *Laon*, médiocre chef-lieu ; *Saint-Quentin*, très-importante par ses fabriques de gazes et de basins, et *Soissons*, qui fut le premier siége du royaume des Francs.

Enfin nous arrivons au département de l'*Oise*, où nous visitons avec intérêt le chef-lieu *Beauvais*, avec sa belle cathédrale, et *Compiègne*, avec son château et sa vaste forêt.

Portons-nous maintenant à gauche de la Seine, et descendons l'Yonne, belle rivière, aux bords de laquelle nous trouvons le département de l'*Yonne*, fertile en bon vin. Le chef-lieu, *Auxerre*, est agréablement situé. *Sens* est remarquable par son ancienneté et sa cathédrale.

Plus loin à gauche, nous voyons, sur les rives de

l'Eure, le chef-lieu du département d'*Eure-et-Loir*, la

Cathédrale de Reims.

vieille ville de *Chartres*, qui a aussi une cathédrale

fameuse. Elle est au milieu de la *Beauce*, pays le plus riche en blé de toute la France.

Quittons le bassin de la Seine, et entrons dans le petit bassin de l'Orne, renommé par ses gras pâturages et ses magnifiques troupeaux de bœufs, de vaches et de chevaux.

Le département de l'*Orne*, que nous y rencontrons d'abord, brille à la fois par l'élevage des bestiaux et par l'industrie des toiles, des aiguilles, des épingles, de la mercerie. Son chef-lieu est *Alençon*, dont on vante les dentelles.

Le département du *Calvados*, que l'Orne traverse ensuite, est une des plus belles parties de la Basse-Normandie, une des plus riches en herbages ; il s'étend sur la côte de la Manche, et a pour chef-lieu *Caen*, assez grande ville, très-près de cette mer : *Lisieux, Falaise, Bayeux*, où règnent l'industrie des tissus et des dentelles, sont d'autres villes importantes de cet intéressant pays.

Voyez-vous sur la carte, toujours en Normandie, s'avancer au loin dans la Manche une grande corne, terminée par le cap de la Hague ? C'est la presqu'île du *Cotentin*, qui a formé la meilleure partie du long département de la *Manche ;* on vante les troupeaux et le climat très-doux de ce pays. Le chef-lieu est *Saint-Lô ;* mais la plus grande ville est *Cherbourg*, un de nos principaux ports militaires.

Embarquons-nous dans ce port, cinglons à l'ouest, passons par les jolies îles de *Guernesey* et de *Jersey*, que possèdent les Anglais, et arrivons sur la côte nord de la *Bretagne*. Là, débarquons au fond de la baie de *Saint-Brieuc*, et, à quelque distance de la mer, nous trouvons la ville de ce nom, chef-lieu du département des *Côtes-du-Nord ;* peu de temps après, nous arrivons à *Dinan*, qui est un port assez animé, grâce à la navigation de la Rance.

Reposons-nous là du long voyage que nous avons fait aujourd'hui.

QUESTIONNAIRE. Quelle ancienne province et quels départements trouve-t-on le long du Rhin? — Quelles en sont les villes principales?—Quels départements rencontre-t-on en descendant la Moselle, ensuite la Meuse?— De quelle province ont-ils été formés? — Quelles villes y distingue-t-on?— Quel est le département placé à l'extrémité septentrionale de la France? — De quelle province a-t-il été formé? — Quelles en sont les villes principales? — Où est situé le département du Pas-de-Calais? — Quelles villes y remarque-t-on? — Décrivez le département du bassin de la Somme, la province qui l'a formé et les villes qu'on y distingue. — Remontez le cours de la Seine, et dites le premier département que vous rencontrez, la province qui l'a formé, les villes principales qu'il renferme. — Quels sont les deux départements qu'on trouve ensuite, en remontant toujours la Seine? Et quelles villes importantes y a-t-il? — De quelle province a été formé le département de Seine-et-Oise? — Où est situé le département de la Seine? — Quelle est son importance? — Quel rang occupe Paris parmi les principales villes du monde? — Quels autres lieux principaux voit-on dans le département de la Seine? — Quels sont les deux départements situés au-dessus des précédents sur le cours de la Seine? Et quelles villes y voit-on? — Quels départements trouve-t-on à droite de la Seine, et toujours dans le bassin de ce fleuve?—Quelles villes y remarque-t-on? — Quels sont les départements qui appartiennent, à gauche, à ce bassin? Et quelles villes renferment-ils? — Quels sont les deux départements du bassin de l'Orne, et leurs villes principales?— Où sont les départements de la Manche et des Côtes-du-Nord? Et quelles villes y voit-on? — Quelles îles rencontre-t-on entre ces deux départements?

VINGT-CINQUIÈME ENTRETIEN.

FRANCE.

**Départements, anciennes provinces et villes principales du versant
de l'océan Atlantique et de la mer de France.**

Nous avons atteint, dans notre dernier voyage, les
rives de la Rance, en Bretagne. — Descendons cette
rivière ; elle nous conduit dans le département d'*Ille-
et-Vilaine*, et nous trouvons à son embouchure le port
célèbre de *Saint-Malo*, dont les marins, hardis et en-
treprenants, ont fait d'importantes découvertes géographiques et de lointains établissements de commerce. Un grand écrivain, Chateaubriand, est sorti de
cette ville ; et, parmi les voyageurs fameux qu'elle a
produits, remarquons Jacques Cartier, qui, au seizième siècle, donna le Canada à la France.

Le département où se trouve Saint-Malo est baigné
par la Manche, il est vrai ; mais il appartient en plus
grande partie au versant de la mer de France (ou, si
l'on veut, du golfe de Gascogne), par le cours de la Vilaine, qui passe au chef-lieu, *Rennes*, ville grande et
savante, ancienne capitale de la Bretagne.

La même province renferme, à l'ouest, les départements du *Morbihan* et du *Finisterre*, et, au sud, celui
de la *Loire-Inférieure*.

Le Morbihan, qui doit son nom à un golfe formé sur
sa côte, a pour chef-lieu *Vannes* ; mais la ville la plus
importante est *Lorient*, qui est un de nos cinq grands
ports militaires. D'intéressants et très-antiques monuments, laissés par les anciens Gaulois, attirent l'attention sur plusieurs points de ce pays.

Le Finisterre, ainsi nommé de sa position à la *fin de la terre* de France, n'a pour chef-lieu qu'une ville peu considérable, *Quimper*, mais il possède la grande ville de *Brest*, le premier de nos ports militaires. Nous sommes là vers l'extrémité occidentale de notre patrie, au fond de la *Basse-Bretagne*, dont les paysans parlent une langue tout à fait différente du français, le bas-breton, et ont conservé des mœurs antiques : c'est un mélange de rudesse et de bonté, de loyale franchise et d'opiniâtreté.

La Loire-Inférieure a pour chef-lieu une illustre cité, *Nantes*, avantageusement placée sur la Loire, qui y forme un port fréquenté par de nombreux navires. C'est la septième ville de France par sa population. *Saint-Nazaire*, à l'embouchure même du fleuve, est un autre port, qui acquiert depuis quelques années une remarquable importance.

Remontons la Loire au-dessus de Nantes ; nous entrons dans l'*Anjou*, qui a formé le département de *Maine-et-Loire*, très-beau pays, avec *Angers* pour chef-lieu, sur la Maine, près de la Loire, au milieu de grandes carrières d'ardoises. La seconde ville de ce département est *Saumur*.

Nous pénétrons ensuite dans la *Touraine*, qui est devenue le département d'*Indre-et-Loire* ; cette agréable et fertile contrée a été surnommée le *jardin de la France* : ses bons fruits, son doux climat, ses grains abondants, ses paysages riants, ses châteaux pittoresques, justifient ce surnom ; nos rois du quinzième et du seizième siècle se plaisaient à y séjourner. *Tours*, chef-lieu du département, s'élève gracieusement sur la Loire.

Continuons à remonter : nous trouvons l'*Orléanais*, dont deux départements, sur trois, sont baignés par la Loire : ce sont ceux de *Loir-et-Cher* et du *Loiret*. Le premier, très-riant au nord et au milieu, est fort triste dans le sud, qu'occupent les landes et les étangs de la Sologne. *Blois*, le chef-lieu, est fameux par le séjour des rois au seizième siècle et par de graves événements qui se sont passés dans son remarquable

Château de Chambord.

château. Non loin de là est un autre château célèbre, celui de *Chambord*, élevé par François Ier.

Le département du Loiret, qui doit son nom à un petit affluent de la Loire, fameux par l'abondance de sa source, a pour chef-lieu *Orléans*, ville importante, située presque au cœur de la France, siége d'un grand commerce, et remplie du souvenir de Jeanne Darc :

cette héroïne, en effet, la défendit contre les Anglais, la sauva et sauva le royaume.

Un peu au-dessus de cette ville, la Loire forme un coude ; jusque-là nous nous étions dirigés de l'ouest à l'est : désormais nous irons au sud, et nous parcourrons d'abord le département de la *Nièvre*, l'ancien *Nivernais*, pays de bois, de pâturages, de vignobles, de mines de fer et de forges. *Nevers*, le chef-lieu, fabrique de la belle faïence. *Clamecy*, sur l'Yonne, fait un grand commerce de bois : ce fut là qu'on inventa, au seizième siècle, le flottage des bois à brûler, descendus des montagnes du Morvan ; l'Yonne transporte les trains jusqu'à la Seine, qui les transmet à Paris.

Vis-à-vis du département de la Nièvre, à gauche de la Loire, est le département du *Cher*, formé d'une partie du *Berri* : c'est un pays assez fertile en pâturages, mais plat, et d'un aspect un peu monotone. Il nourrit de bons moutons, et des mines d'excellent fer l'enrichissent. *Bourges*, située au centre même de la France, et illustre par sa belle cathédrale, en est le chef-lieu. *Vierzon*, intéressante par sa porcelaine et par ses forges, s'y trouve aussi.

Le *Bourbonnais*, c'est-à-dire le département de l'*Allier*, s'offre ensuite à nous, toujours sur la rive gauche de la Loire. *Moulins* en est le chef-lieu. *Montluçon*, la seconde ville, a une manufacture importante de glaces. *Vichy*, si célèbre par ses eaux minérales, est aussi dans ce pays.

Nous laissons de côté le département de *Saône-et-Loire*, que nous retrouverons bientôt plus complétement placé dans un autre bassin, et nous parcourons le département de la *Loire*, un des plus riches de France en charbon de terre : nous sommes dans l'ancien *Lyonnais*. Là nous rencontrons d'abord *Roanne,* assez commerçante, puis *Saint-Étienne*, chef-lieu du département, grande ville, qui s'est élevée en quelques années au rang des premières de France : tout y est mouvement et activité ; ses mines de houille, ses manufactures d'armes, ses forges, ses fabriques de rubans et mille autres industries l'animent et l'enrichissent, mais n'en font pas un agréable séjour. — *Saint-Chamond* et *Rive-de-Gier*, dans le même département, sont aussi tout industrielles et partout environnées de mines de charbon.

Nous arrivons enfin au département de la *Haute-Loire*, généralement âpre et aride, mais dont les rochers pittoresques attirent l'attention du voyageur : d'anciens volcans y ont vomi des laves immenses, qui se sont cristallisées en colonnes régulières et magnifiques, figurant tantôt des tuyaux d'orgue, tantôt des piliers de cathédrale, tantôt des pavés gigantesques. *Le Puy*, chef-lieu de ce pays, sur le flanc d'une montagne escarpée, n'est pas une belle ville, mais intéresse par ses fabriques de dentelles, qui occupent une nombreuse population de femmes et de jeunes filles.

Nous avons suivi la Loire dans tout son cours, mais nous n'avons pas visité tout le bassin de ce fleuve : à quelque distance de sa rive droite, se trouvent les départements de la *Sarthe* et de la *Mayenne*, formés de l'ancien *Maine* et de l'ancien *Perche;* l'un et l'autre sont fertiles en pâturages, en lin, en chanvre, et riches en bœufs et en chevaux. Le chef-lieu de la Sarthe est *Le Mans;* celui de la Mayenne est *Laval;* l'industrie des toiles est importante dans toutes deux.

A une certaine distance de la rive gauche du fleuve, on rencontre un bien plus grand nombre de départements : nous y remarquons d'abord celui du *Puy-de-Dôme*, dans l'ancienne *Auvergne;* c'est un mélange

Vue de Clermont-Ferrand et du Puy-de-Dôme, prise de la route d'Issoire.

de hautes montagnes, comme le mont Dore et le Puy-de-Dôme, de rochers de basalte lancés par d'anciens volcans, et de jolies vallées, dont la plus belle et la plus large est la Limagne, une des plus riches contrées de la France. *Clermont-Ferrand,* chef-lieu de ce département, rappelle la première croisade, qui y fut résolue, le philosophe Pascal et le poëte Delille, qui y sont nés, et elle possède une belle cathédrale et une curieuse fontaine pétrifiante, nommée Saint-Allyre. Dans le voisinage, sont deux autres villes importantes : *Riom,* et *Thiers,* fameuse par sa coutellerie. On trouve dans ce même département les *Bains du mont Dore,* où une foule de malades vont chercher la guérison.

A côté, est le département de la *Creuse,* beaucoup moins riche, mais non sans intérêt cependant : il y a de bons pâturages et des bestiaux estimés : c'est une partie de l'ancienne *Marche;* beaucoup d'habitants, ne trouvant pas une existence assez aisée dans ce pays peu fertile, émigrent pour un temps dans les grandes villes, où ils exercent la profession de maçons. *Guéret* est le chef-lieu de ce département. *Aubusson* en est la principale ville industrielle : elle a des manufactures de tapis renommés.

Le département de l'*Indre,* voisin du précédent et partie de l'ancien Berri, est un pays plat et uniforme, qui intéresse cependant par ses troupeaux, surtout ses excellents moutons. *Châteauroux,* le chef-lieu, n'est pas une grande ville, mais elle est animée par l'industrie. *Issoudun* a des fabriques de draps et de parchemins.

Suivons maintenant les bords de la Vienne : nous voyons d'abord le département de la *Haute-Vienne,* qui a des pâturages excellents, propres aux bœufs et aux chevaux, et qui abonde en sites pittoresques; nous sommes là dans l'ancien *Limousin*. *Limoges*, le chef-lieu de ce département, est pleine d'industrie : on y voit des manufactures de belle porcelaine, des fabriques de lainages, de toiles, etc. — Le département de la *Vienne*, où nous entrons ensuite, a aussi des pâturages. *Poitiers*, ville antique et savante, avec une belle cathédrale, en est le chef-lieu : c'était la capitale du *Poitou*.—*Châtellerault*, la seconde ville, a des manufactures d'armes et de coutellerie.

Quittons le bassin de la Loire, et visitons le petit bassin de la Sèvre niortaise, qui n'offre que deux départements, formés tous deux de l'ancien Poitou : l'un est le département des *Deux-Sèvres*, qui élève, dans ses bons herbages, des ânes et des mulets renommés; il a pour chef-lieu l'assez jolie ville de *Niort*. — L'autre, baigné par l'océan, est le département de la *Vendée*, qui doit son nom à un petit affluent de la Sèvre niortaise, et dont les habitants, remarquables par leur attachement aux vieilles coutumes, se signalèrent, pendant la première Révolution, par la résistance au régime républicain et leur dévouement à l'ancienne monarchie; ils entraînèrent dans leur mouvement les habitants de plusieurs pays voisins, et il s'éleva une guerre acharnée, qui prit le nom de *guerre de la Vendée*. Ce département, aujourd'hui très-paisible, a pour chef-lieu la jolie ville, toute moderne, de *Napoléon-Vendée*. Il offre un mélange de plaines très-fertiles en blé, de petites collines agréablement boisées, et de marais où pénètre le flux de la mer et où l'on recueille beaucoup de sel.

Parcourons maintenant le bassin de la Charente : en descendant ce joli petit fleuve, nous trouvons le département de la *Charente*, riche en vins, propres surtout à faire de l'eau-de-vie. *Angoulême*, le chef-lieu, et capitale de l'ancien *Angoumois*, a des manufactures de papier, de lainages et de faïence. *Cognac*, qui s'offre à peu de distance, est fameuse par ses eaux-de-vie et par la naissance de François Ier.

Le département de la *Charente-Inférieure*, formé de l'*Aunis* et de la *Saintonge*, s'étend sur la mer, possède des marais salants, des vignobles, des fabriques d'eau-de-vie, et a pour chef-lieu *La Rochelle*, port célèbre, autrefois l'une des plus importantes places fortes où se retranchèrent les calvinistes, pendant les guerres de religion du seizième et du dix-septième siècle. Mais aujourd'hui la plus grande et la plus belle ville de ce pays est *Rochefort*, sur la Charente, un de nos cinq ports militaires. *Saintes*, à peu de distance, est une antique cité.

La large embouchure de la Gironde s'ouvre à côté de ce département. Remontons ce fleuve, qui n'est pas autre chose que le cours inférieur de la Garonne, et nous rencontrons d'abord le département de la *Gironde*, un de ceux qu'a formés l'ancienne *Guienne*, et fameux par ses vignobles, les plus abondants de France. Le chef-lieu est la grande et belle ville de *Bordeaux*, où la Garonne forme un port excellent, et qui occupe le quatrième rang parmi les cités françaises. *Libourne*, sur la Dordogne, est aussi un port intéressant.

Remontons encore, nous traversons le département de *Lot-et-Garonne*, fertile en blé, et qui a pour chef-lieu *Agen*, centre d'un grand commerce de farine ; — puis le département de *Tarn-et-Garonne*, dont le chef-lieu est *Montauban*, où règne l'industrie du coton, de la laine et de la soie.

Nous arrivons enfin dans le département de la *Haute-*

Garonne, qui s'allonge jusqu'aux Pyrénées et qui a pour chef-lieu la grande ville de *Toulouse*, la sixième de France, l'ancienne capitale du *Languedoc*, et célèbre à la fois par l'industrie et par la culture des lettres. Tout près de la frontière d'Espagne, nous nous arrêtons à *Bagnères-de-Luchon* dont les eaux minérales attirent beaucoup de monde.

Écartons-nous maintenant de la Garonne, à droite, et, sans sortir de son bassin, nous trouvons une huitaine de départements sur les longs affluents qu'elle a de ce côté : c'est d'abord le département de l'*Ariége*, couvert en grande partie par les Pyrénées, et riche en fer, en grandes forges, mais avec un très-petit chef-lieu, *Foix*, capitale de l'ancien *Comté de Foix*. — C'est ensuite le département du *Tarn*, dont le chef-lieu, *Albi*, n'est pas la plus grande ville; *Castres*, célèbre par ses fabriques de draps, est plus importante.

Puis on distingue le département de l'*Aveyron*, ainsi nommé d'un affluent du Tarn, et où abondent les mines de houille, ainsi que des pâturages qui nourrissent des bœufs, des moutons et des mulets estimés. *Rodez*, le chef-lieu, est peu considérable; *Villefranche d'Aveyron* et *Milhau* ont plus d'industrie.

Nous sommes encore là dans l'ancienne et vaste province de Guienne, que nous avons déjà rencontrée il y a quelque temps; — nous la quittons pour rentrer dans le Languedoc par le département de la *Lozère*, qui est couvert par les Cévennes et qui doit son nom à l'une de ces montagnes; il n'offre qu'un sol âpre et aride, mais il a cependant quelques bons pâturages et des forêts de châtaigniers. *Mende* en est le modeste chef-lieu.

A quelque distance de là, nous nous trouvons de nouveau en Guienne, avec le département du *Lot*, peu étendu, mais assez riche en vignobles et en arbres fruitiers. *Cahors*, le chef-lieu, a vu naître un de nos meilleurs anciens poëtes : Clément Marot.

Allons un peu au nord, et suivons le cours de la Dordogne; nous y rencontrons trois départements : d'abord, le *Cantal*, formé d'une partie de l'*Auvergne* ; il y a de hautes montagnes, dont la principale est le *Plomb-du-Cantal*, et des vallées fertiles en pâturages ; les habitants émigrent en grand nombre pour aller exercer dans les villes les métiers de portefaix, de porteurs d'eau, de charbonniers, de frotteurs, de chaudronniers, etc. Le chef-lieu, *Aurillac*, rappelle le célèbre moine Gerbert, un des plus savants hommes du dixième siècle.

Le second département que nous trouvons en descendant la Dordogne est celui de la *Corrèze*, partie du *Limousin*, et ainsi nommé d'une jolie rivière qui se jette dans un affluent de la Dordogne ; il est couvert de pittoresques montagnes et riche en pâturages qui nourrissent des bœufs et des chevaux renommés. *Tulle*, peu importante, en est le chef-lieu. La ville la plus commerçante et la plus jolie du pays est *Brive*.

Vient ensuite le département de la *Dordogne*, qui a de bons vignobles et les meilleures truffes de France. *Périgueux*, le chef-lieu, est intéressante par ses antiquités, *Bergerac*, par ses vins.

A gauche de la Garonne, nous ne trouvons qu'un département : celui du *Gers* ; il produit des vins abondants, propres à faire de l'eau-de-vie. *Auch*, chef-lieu, l'ancienne capitale de la *Gascogne*, est une très-vieille ville, où l'on admire une belle cathédrale.

Parcourons maintenant le pittoresque bassin de l'Adour. Il y a peu de pays aussi curieux pour le voyageur que le département des *Hautes-Pyrénées*, que nous

trouvons le premier en descendant ce petit fleuve :
de hautes montagnes, des défilés sauvages, des tor-
rents, des cascades, de riantes et fertiles vallées, à
côté des neiges et des glaces, y varient délicieusement
le paysage. *Tarbes*, le chef-lieu, est une agréable ville.
Bagnères-de-Bigorre est célèbre par ses eaux minérales,

Les Landes.

de même que beaucoup d'autres lieux : *Baréges, Saint-
Sauveur, Cauterets*, etc.

Le département des *Basses-Pyrénées* n'est pas beaucoup moins intéressant à visiter ; il offre à peu près
la même variété d'aspects : le chef-lieu, *Pau*, capitale
de l'ancien *Béarn*, jouit d'un climat très-doux. On y
remarque avec intérêt le vieux château où est né

Henri IV. — *Bayonne*, vers l'embouchure de l'Adour, est un port très-commerçant.

Nous entrons près de là dans le département le plus aride de la France : celui des *Landes*; il doit son nom aux plaines incultes et désertes dont il est en grande partie composé : des bruyères, des sables, des flaques d'eau, quelques pauvres hameaux, des bâtiments d'une architecture sauvage, disposés pour servir de refuge aux troupeaux entraînés loin des habitations, çà et là de sombres forêts de pins, voilà l'image de cette région, excepté vers l'Adour, où le pays est agréable et fertile. Vers la mer, des dunes mouvantes, souvent énormes, changeant de place selon le caprice des vents, et engloutissant quelquefois des champs fertiles, des villages entiers, offrent encore un plus triste aspect. Cependant on parvient à fixer ces dunes par des plantations de pins ; en général, on améliore beaucoup le département depuis quelques années ; on y livre tous les jours à la culture de nouvelles terres. On voit disparaître aussi peu à peu l'usage étrange des hautes échasses dont les bergers landais se servent pour traverser les sables, les bruyères, les plaines inondées, et qui leur permettent de parcourir en peu de temps de grandes distances. *Mont-de-Marsan*, chef-lieu de ce département, n'est qu'une petite ville.

QUESTIONNAIRE. Quels sont les départements qui, avec celui des Côtes-du-Nord, ont été formés de l'ancienne Bretagne? — Dites-en les villes principales. — Quels départements trouve-t-on en remontant la Loire, de l'O. à l'E., au-dessus de celui de la Loire-Inférieure? — Quels sont ceux qu'on rencontre ensuite du N. au S.? — De quelles provinces ont-ils été formés? — Quelles villes importantes remarque-t-on dans les uns et les autres? — Dans le bassin de la Loire, quels départements et quelle province voit-on à droite? — Quelles villes renferment-ils? — Quels départements y a-t-il

à gauche? — Quelles sont leurs villes principales? — Dites
les deux départements du bassin de la Sèvre niortaise, la
province qui les a formés, et leurs villes importantes. —
Quels sont les départements du bassin de la Charente? — A
quelles provinces correspondent-ils? — Quelles villes principales y a-t-il? — Quels sont les départements qu'on trouve
en remontant le cours de la Gironde et de la Garonne? —
Dans quelles anciennes provinces sont-ils, et quelles villes y
distingue-t-on? — Dans le bassin de la Garonne, à une certaine distance de ce fleuve, à droite, quels départements
voit-on, y compris le bassin de la Dordogne? — Quelles villes
y distingue-t-on? — Quel département y a-t-il à gauche de la
Garonne? — A quelle province appartient-il? — Quelle en est
la ville principale? — Quels sont les départements du bassin
de l'Adour? — Quelles villes y trouve-t-on?

VINGT-SIXIÈME ENTRETIEN.

FRANCE.

**Départements, anciennes provinces et villes principales du versant
de la Méditerranée.**

Franchissons le grand isthme par lequel l'Espagne
tient à la France, et arrivons au bord de la Méditerranée.
Arrêtons-nous là, à l'extrémité des Pyrénées, et examinons le département des *Pyrénées-Orientales*, le plus
méridional de la France continentale. Les vignobles,
les oliviers, le fer, les sources d'eaux minérales, forment les principales richesses de ce pays, qui comprend l'ancien *Roussillon*. — *Perpignan*, patrie du savant Arago, en est le chef-lieu.

En longeant toujours la mer, nous rencontrons le
département de l'*Aude*, qui a aussi des vins, des oliviers, et qui produit, de plus, le meilleur miel de France.
Carcassonne en est le chef-lieu ; mais *Narbonne*, très-

antique, bâtie par les Romains, et qui possède une belle cathédrale, en est la ville la plus célèbre.

Nous sommes là en plein *Languedoc*, et nous continuons à voyager dans cette grande province en parcourant le département de l'*Hérault*, qui s'allonge sur le bord de la mer, avec des étangs salés considérables, dont le principal est celui de Thau. C'est un beau pays, renommé par sa salubrité, par ses riants coteaux couverts de vignobles et d'oliviers, par ses jolies vallées. *Montpellier*, agréablement placée sur une hauteur, en est le chef-lieu : on y remarque une célèbre école de médecine, un précieux jardin botanique, des fabriques d'étoffes de laine, de vert-de-gris, d'eau-de-vie, etc. — *Béziers*, la seconde ville de ce département, est délicieusement située, et l'on a dit que, *si Dieu voulait habiter sur la terre, il habiterait Béziers.* — *Cette*, resserrée sur une langue de terre étroite, entre l'étang de Thau et la Méditerranée, est un de nos principaux ports de commerce ; elle expédie au loin ses vins et ses liqueurs. — *Lodève* et beaucoup d'autres villes de ce pays fabriquent de bons draps.

Entrons dans le département du *Gard*, qui s'étend à la fois sur la Méditerranée et sur le Rhône ; saluons-y d'abord les admirables monuments romains qui y sont restés. Les plus curieux sont le pont-aqueduc qui traverse la rivière appelée *Gard* ou *Gardon*, et un amphithéâtre, des temples et d'autres antiquités à *Nîmes*, chef-lieu du département ; cette ville est intéressante d'ailleurs par l'industrie des soies. — *Alais*, la seconde ville du pays, placée au pied des Cévennes, est remarquable aussi par le travail de la soie, mais non moins par celui du fer et par les grandes mines de houille de son voisinage.—*Beaucaire* est fameuse par ses foires, et s'élève sur le Rhône, à côté de riches vignobles.

Nous sommes là sur la rive droite du Rhône ; continuons à suivre cette rive, en remontant le fleuve : nous voyons le département de l'*Ardèche*, pays de montagnes, de fer, de châtaigniers, de vignobles, de pâturages qui nourrissent de bons bœufs. Il n'a qu'un petit chef-lieu, *Privas;* une ville beaucoup plus consi-

Les arènes de Nimes.

dérable est *Annonay*, célèbre par ce travail des peaux qui s'appelle mégisserie, par ses papeteries, par ses filatures de soie, enfin par l'invention des ballons, due aux frères Montgolfier, dans le siècle dernier.

Un peu plus loin, nous quittons le Languedoc, pour entrer dans le *Lyonnais;* nous nous arrêtons dans le département du *Rhône*, le plus petit de la France après le département de la Seine, mais un des plus importants, à cause de la ville de *Lyon*, qu'il renferme. Cette grande ville, peuplée de 325 000 habitants, et la seconde de l'empire, est admirablement située au confluent du Rhône et de la Saône. L'industrie et le commerce animent de la manière la plus intéressante cette illustre cité, dont les soieries surtout sont renommées dans le monde entier. Les environs sont très-riants et abondent en excellents vignobles.

Villefranche-sur-Saône, qu'on trouve dans le même département, fait un commerce de bestiaux et de toiles de coton ; mais une ville bien plus commerçante encore est *Tarare*, fameuse par ses mousselines.

En suivant toujours la même rive du Rhône, nous pénétrons enfin dans le département de l'*Ain*, qui touche à la Suisse, et qui renferme, à l'est, les plus hautes et les plus pittoresques parties du Jura, tandis qu'à l'ouest sont des plaines basses et plates, dans ce qu'on appelle la *Dombes* et la *Bresse*, contrées fertiles, mais remplies d'étangs insalubres. — *Bourg*, le chef-lieu, n'est pas une grande ville ; elle attire cependant l'attention par sa belle église de Brou.

Descendons maintenant le Rhône, en en longeant la rive gauche. Le premier département qui s'y offre à nos regards est celui de la *Haute-Savoie*, que la France ne possède que depuis 1860. C'est un pays plein de paysages curieux : au nord, c'est le beau lac de Genève, qui se déploie vers la frontière de la Suisse ; à l'est, sur la limite de l'Italie, s'élève le mont Blanc, avec ses glaciers et son dôme majestueux. D'autres montagnes presque aussi imposantes, des cascades, des vallées pittoresques, se montrent de toutes parts.

Lyon.

Il y a de bons pâturages, des bois et du fer. Le chef-lieu est *Annecy*, sur un joli lac du même nom.

Le département de la *Savoie*, que nous n'avons aussi que depuis 1860, se présente ensuite, avec les mêmes aspects intéressants. De ses hautes montagnes, la plus fameuse est le mont Cenis, qu'une route remarquable franchit et près duquel on perce un immense tunnel sous les Alpes, pour le passage d'un chemin de fer.

Les populations de ce département, comme du précédent, émigrent en grand nombre dans lés pays plus riches pour acquérir un peu d'argent par de rudes travaux, et ils viennent finir leur existence dans leurs chères montagnes.

Le chef-lieu est *Chambéry*, qui a été longtemps la capitale des ducs de Savoie ; à quelque distance, on rencontre la petite ville d'*Aix-les-Bains*, très-renommée par ses eaux minérales ; près de là, nous visitons l'agréable lac du Bourget.

Passons ensuite dans le département de l'*Isère*, un des plus beaux de la France, un des plus abondants en toutes sortes de productions : il y a de hautes montagnes, d'un côté, de magnifiques vallées et de fertiles coteaux, de l'autre ; tantôt des forêts, tantôt des vignobles, tantôt des pâturages, et, sur divers points, des mines de fer, de plomb, d'argent, de mercure, d'or, et des eaux minérales.

Le chef-lieu, *Grenoble*, capitale de l'ancien *Dauphiné*, est une importante ville, qui, parmi ses industries, compte des fabriques de ganterie renommée. *Vienne*, la seconde ville, offre d'intéressants monuments antiques, et rappelle un grand événement dans l'histoire de France : le concile qui abolit l'ordre des Templiers, en 1311.

Plus bas, nous entrons dans le département de la *Drôme*, qui, à l'est, a d'arides montagnes, mais, à l'ouest, de jolis coteaux, couverts de vignobles et de mûriers. *Valence*, le chef-lieu, est commerçante en soieries.

Descendons encore le Rhône, quittons le Dauphiné, et nous rencontrons le département de *Vaucluse*, correspondant à l'ancien *État d'Avignon*, qui fut une possession des Papes depuis le treizième siècle jusqu'à 1791. C'est un intéressant pays, où l'on cultive le mûrier, l'olivier, la vigne, la garance, le froment; il doit son nom à une célèbre fontaine jaillissante, qui a été immortalisée par les vers du grand poëte italien Pétrarque. — *Avignon*, chef-lieu de ce département, s'élève agréablement sur le Rhône, et offre un grand nombre d'édifices remarquables, dont le plus fameux est le palais qu'habitèrent longtemps les Papes. — *Orange* est une ville ancienne, qui a des restes curieux de monuments romains et qui a donné son nom à des princes devenus très-puissants, aujourd'hui souverains des Pays-Bas.

Nous arrivons enfin à l'extrémité du cours du Rhône, et nous sommes dans le département des *Bouches-du-Rhône*, qui a été formé d'une partie de la *Provence*. La mer Méditerranée et l'étang de Berre la baignent au sud; l'île de la Camargue, qui est le delta du Rhône, s'y trouve au sud-ouest, avec de bons pâturages, mais aussi avec des espaces imprégnés de sel et arides. — Les oliviers sont la principale richesse de ce département, qui se glorifie d'avoir pour chef-lieu la grande et antique cité de *Marseille*, peuplée de 300 000 habitants. C'est la troisième ville de France, et le premier de nos ports de commerce. Tout y respire l'activité et la vie commerciale. De toutes parts sont transportés dans ses dépôts les huiles, les savons, les blés, les poissons et mille autres produits.

Ce département a deux autres importantes villes : *Aix*, ville ancienne et savante, qui a été capitale de la Provence ; et *Arles*, qui fut embellie par les Romains de superbes monuments.

En suivant le cours du Rhône, nous avons laissé à

Amphithéâtre d'Arles.

sa droite son principal affluent, la Saône, dont le bassin embrasse cinq départements. Examinons-le maintenant. Descendons cette belle et tranquille rivière, qui, dans une partie de son cours, est comme un lac paisible, et que sillonnent de nombreux bateaux. Le département de la *Haute-Saône* s'offre le premier, avec des richesses variées : des pâturages, des forêts, des blés, des mines de fer et de sel, des forges ; mais il n'y a pas de grande ville ; *Vesoul*, son chef-lieu, est très-peu considérable.

Le département de la *Côte-d'Or*, qui se trouve ensuite et qui forme le cœur de l'ancienne Bourgogne, a beaucoup plus de villes importantes : d'abord, *Dijon*, très-bien bâtie, littéraire et savante, autrefois siége de la brillante cour des ducs de Bourgogne, et fière d'un grand nombre d'hommes célèbres qu'elle a produits ; au premier rang brillent saint Bernard et Bossuet. — Nous distinguons ensuite *Beaune*, au milieu des fameux vignobles de la Côte d'Or, chaîne de montagnes qui doit précisément son nom à la richesse de ses coteaux, à l'excellence de ses vins. Il y a aussi dans ce département beaucoup de beaux bois.

En allant toujours au sud, nous entrons dans le département de *Saône-et-Loire*, le plus important des cinq que nous plaçons dans le bassin de la Saône, quoiqu'il appartienne aussi, dans une certaine étendue, au bassin de la Loire. Les productions en sont très-diversifiées : il y a, vers la Saône, des vignobles renommés ; vers la Loire, de gras pâturages, qui nourrissent des bœufs très-estimés ; ailleurs, des blés, des bois et de grandes mines de houille. *Mâcon*, le chef-lieu, fait commerce de vins excellents, et se glorifie d'avoir vu naître un de nos plus grands poëtes, Lamartine. — *Chalon-sur-Saône* est une ville considérable. — *Autun*, aujourd'hui médiocre, a été une des plus grandes cités de l'ancienne Gaule, et elle offre des ruines curieuses. — *Le Creusot* est une ville plus peuplée que les précédentes et qui s'est accrue avec une rapidité prodigieuse, grâce à ses mines de houille, à ses grands établissements pour le travail du fer et du cuivre, et à la construction des machines à vapeur. — *Cluny*, longtemps célèbre par son abbaye, a aujourd'hui une importante école Normale, où l'on forme des professeurs pour enseigner l'industrie, le commerce et l'agriculture.

Les deux départements qui nous restent à parcourir dans ce bassin sont sur les bords du Doubs, affluent principal de la Saône. Tous deux appartiennent à l'ancienne *Franche-Comté*, et se trouvent sur les frontières de la Suisse ; tous deux sont en partie couverts par le mont Jura, et possèdent de belles forêts de sapins, de bons pâturages, des mines de fer, des salines, des fabriques d'horlogerie, d'ouvrages en bois, et d'autres intéressantes industries. L'un est le département du *Doubs*, qui a pour chef-lieu la grande ville de *Besançon*. L'autre est le département du *Jura*, avec un modeste chef-lieu, *Lons-le-Saunier*, et la ville assez commerçante de *Dôle*.

Transportons-nous maintenant bien loin de là, à gauche du Rhône, sur la Durance, affluent de ce fleuve. Nous trouvons sur cette impétueuse rivière les départements des *Hautes-Alpes* et des *Basses-Alpes*, hérissés, l'un et l'autre, d'âpres montagnes ; mais ils ont aussi de beaux pâturages, où vivent de nombreux troupeaux de moutons. Ils n'ont pas de lieux considérables : *Gap*, chef-lieu des Hautes-Alpes, et *Digne*, chef-lieu des Basses-Alpes, sont de très-médiocres cités.

En descendant vers les parties méridionales du département des Basses-Alpes, on rencontre de riches vallées, une température assez douce, des cultures de mûriers et de bons arbres à fruits. On se sent déjà dans ce beau pays qu'on appelle la *Provence*.

Encore quelques lieues, et l'on se trouve transporté

Creusot.

dans la partie la plus riante de cette ancienne province, c'est-à-dire dans le département du *Var*. C'est un mélange de montagnes, de forêts, de coteaux revêtus de vignes, de mûriers, d'oliviers et d'orangers. C'est surtout vers la Méditerranée que le pays est agréable et jouit d'un doux climat. *Draguignan*, le chef-lieu, n'est pas une grande ville; mais c'est dans ce département que se trouve *Toulon*, un de nos premiers ports militaires. — Remarquons aussi *Hyères*, renommée par la douceur de sa température et située vis-à-vis des îles du même nom, qui offrent un joli coup d'œil.

En continuant à longer la Méditerranée, nous entrons dans le département des *Alpes-Maritimes*, formé à peu près de l'ancien *Comté de Nice*, réuni à la France en 1860. Le climat y est aussi très-doux; la côte, bordée d'orangers, de limoniers, de citronniers, de grenadiers, d'oliviers, offre le plus gracieux aspect. *Nice*, le chef-lieu, est délicieusement située, et la température agréable y attire un grand nombre d'étrangers, qui y passent l'hiver. Beaucoup d'autres villes de cette côte fortunée, *Menton*, *Cannes*, etc., ont le même avantage. — Ne quittons pas le département sans visiter *Grasse*, qui intéresse par son grand commerce de parfums, d'huile d'olive et de fruits.

Embarquons-nous dans l'un des ports de ce charmant pays, et allons visiter l'île de *Corse*, plus voisine de l'Italie que de la France, mais vivement attachée à la patrie française, à laquelle elle s'est donnée en 1768. Elle appartenait auparavant à la république italienne de Gênes. Elle s'allonge du nord au sud, à côté de la Sardaigne, dont elle est séparée par le détroit connu sous le nom de Bouches de Bonifacio. Une chaîne de hautes montagnes la parcourt dans toute sa

Toulon.

•longueur, et offre un mélange de rochers escarpés, de· belles forêts de pins, de sapins, de grands buis, de chênes, de hêtres, etc. Les côtes sont fertiles en oliviers, en mûriers, en vignes, en orangers, en figuiers et autres arbres précieux; mais la culture est fort négligée dans ce pays, et les mœurs de beaucoup d'habitants sont encore rudes et grossières. Les Corses sont d'ailleurs un peuple courageux, ardent et fier, qui a donné à la France de vaillants guerriers et d'habiles hommes d'État. Le plus illustre de tous est Napoléon Ier, qui, de simple officier, devint en peu d'années un des plus puissants empereurs du monde. Il est né en 1769 à *Ajaccio*, le chef-lieu actuel du département de la Corse, et cependant ville moins importante que *Bastia*, l'ancienne capitale.

Finissons là notre voyage à travers les départements français. La course a été longue et un peu fatigante : reposons-nous quelque temps, remplis du souvenir de notre chère et belle patrie.

QUESTIONNAIRE. Quels sont les départements qui se trouvent sur la côte de la Méditerranée, entre les Pyrénées et les embouchures du Rhône? — De quelles provinces ont-ils été formés? — Quelles villes y trouve-t-on? — Quels sont les départements situés le long de la rive droite du Rhône, en remontant ce fleuve? — Dans quelles provinces sont-ils? — Quelles villes y remarque-t-on? — Quels sont les départements qu'on trouve en descendant le long de la rive gauche du Rhône? — De quelles provinces ont-ils été formés? — Quelles villes principales renferment-ils? — Où est le bassin de la Saône relativement au Rhône? — Quels départements voit-on sur le cours de la Saône? — A quelles provinces appartiennent-ils? — Quelles villes y trouve-t-on? — Quels sont les deux départements situés sur le cours du Doubs? — De quelle province ont-ils été formés? — Quelles en sont les villes principales? — Où est le bassin de la Durance relativement au Rhône? — Quels départements voit-on dans ce bassin? — Quelles en sont les villes remarquables? — Quels sont les deux départements qu'on rencontre le long de la Méditerranée, à l'extrémité sud-est de la France? — De quelles provinces ont-ils été formés? — Quel climat et quelles productions offrent-ils? — Quelles villes y remarque-t-on? — Où est la Corse? — Quel est l'aspect de cette île? — Quel est l'illustre guerrier dont elle est la patrie? — Quelles villes y distingue-t-on?

SUPPLÉMENT AUX ENTRETIENS

TABLEAU DES 92 DÉPARTEMENTS

ET DES 385 ARRONDISSEMENTS

(y compris les 3 départements et les 12 arrondissements de l'Algérie).

(Les chefs-lieux de département sont en italique.)

DÉPARTEMENTS.	ARRONDISSEMENTS.
AIN	*Bourg*, Belley, Gex, Nantua, Trévoux.
AISNE	*Laon*, Château-Thierry, Saint-Quentin, Soissons, Vervins.
ALLIER	*Moulins*, Gannat, La Palisse, Montluçon.
ALPES (BASSES-)	*Digne*, Barcelonette, Castellane, Forcalquier, Sisteron.
ALPES (HAUTES-)	*Gap*, Briançon, Embrun.
ALPES-MARITIMES	*Nice*, Grasse, Puget-Théniers.
ARDÈCHE	*Privas*, Largentière, Tournon.
ARDENNES	*Mézières*, Rethel, Rocroy, Sedan, Vouziers.
ARIÉGE	*Foix*, Pamiers, Saint-Girons.
AUBE	*Troyes*, Arcis-sur-Aube, Bar-sur-Aube, Bar-sur-Seine, Nogent-sur-Seine.
AUDE	*Carcassonne*, Castelnaudary, Limoux, Narbonne.
AVEYRON	*Rodez*, Espalion, Milhau, Saint-Affrique, Villefranche.
BOUCHES-DU-RHÔNE	*Marseille*, Aix, Arles.
CALVADOS	*Caen*, Bayeux, Falaise, Lisieux, Pont-l'Evêque, Vire.
CANTAL	*Aurillac*, Mauriac, Murat, Saint-Flour.
CHARENTE	*Angoulême*, Barbezieux, Cognac, Confolens Ruffec.

DÉPARTEMENTS.	ARRONDISSEMENTS.
CHARENTE-INFÉRIEURE...	*La Rochelle*, Jonzac, Marennes, Rochefort, Saintes, Saint-Jean-d'Angély.
CHER...............	*Bourges*, Saint-Amand, Sancerre.
CORRÈZE.............	*Tulle*, Brive, Ussel.
CORSE..............	*Ajaccio*, Bastia, Calvi, Corté, Sartène.
CÔTE-D'OR..........	*Dijon*, Beaune, Châtillon-sur-Seine, Semur.
CÔTES-DU-NORD........	*Saint-Brieuc*, Dinan, Guingamp, Lannion, Loudéac.
CREUSE..............	*Guéret*, Aubusson, Bourganœuf, Boussac.
DORDOGNE............	*Périgueux*, Bergerac, Nontron, Ribérac, Sarlat.
DOUBS..............	*Besançon*, Baume-les-Dames, Montbéliard, Pontarlier.
DRÔME..............	*Valence*, Die, Montélimar, Nyons.
EURE...............	*Évreux*, Les Andelys, Bernay, Louviers, Pont-Audemer.
EURE-ET-LOIR.........	*Chartres*, Châteaudun, Dreux, Nogent-le-Rotrou.
FINISTERRE..........	*Quimper*, Brest, Châteaulin, Morlaix, Quimperlé.
GARD..............	*Nimes*, Alais, Uzès, Le Vigan.
GARONNE (HAUTE-)......	*Toulouse*, Muret, Saint-Gaudens, Villefranche.
GERS..............	*Auch*, Condom, Lectoure, Lombez, Mirande.
GIRONDE...........	*Bordeaux*, Bazas, Blaye, La Réole, Lesparre, Libourne.
HÉRAULT...........	*Montpellier*, Béziers, Lodève, Saint-Pons.
ILLE-ET-VILAINE.......	*Rennes*, Fougères, Montfort, Redon, Saint-Malo, Vitré.
INDRE..............	*Châteauroux*, Le Blanc, Issoudun, La Châtre.
INDRE-ET-LOIRE........	*Tours*, Chinon, Loches.
ISÈRE..............	*Grenoble*, La Tour-du-Pin, Saint-Marcellin, Vienne.
JURA.............	*Lons-le-Saunier*, Dôle, Poligny, St-Claude.
LANDES............	*Mont-de-Marsan*, Dax, Saint-Sever.
LOIR-ET-CHER.........	*Blois*, Romorantin, Vendôme.
LOIRE.............	*Saint-Étienne*, Montbrison, Roanne.
LOIRE (HAUTE-)........	*Le Puy*, Brioude, Issingeaux.
LOIRE-INFÉRIEURE.......	*Nantes*, Ancenis, Châteaubriant, Paimbœuf, Saint-Nazaire.
LOIRET.............	*Orléans*, Gien, Montargis, Pithiviers.
LOT...............	*Cahors*, Figeac, Gourdon.
LOT-ET-GARONNE.......	*Agen*, Marmande, Nérac, Villeneuve-d'Agen.
LOZÈRE.............	*Mende*, Florac, Marvéjols.
MAINE-ET-LOIRE........	*Angers*, Baugé, Cholet Saumur, Segré.

DÉPARTEMENTS.	ARRONDISSEMENTS.
MANCHE	*Saint-Lô*, Avranches, Cherbourg, Coutances, Mortain, Valognes.
MARNE	*Châlons*, Épernay, Reims, Sainte-Menehould, Vitry-le-François.
MARNE (HAUTE-)	*Chaumont*, Langres, Vassy.
MAYENNE	*Laval*, Château-Gontier, Mayenne.
MEURTHE	*Nancy*, Château-Salins, Lunéville, Sarrebourg, Toul.
MEUSE	*Bar-le-Duc*, Commercy, Montmédy, Verdun.
MORBIHAN	*Vannes*, Lorient, Ploërmel, Napoléonville.
MOSELLE	*Metz*, Briey, Sarreguemines, Thionville.
NIÈVRE	*Nevers*, Château-Chinon, Clamecy, Cosne.
NORD	*Lille*, Avesnes, Cambrai, Douai, Dunkerque, Hazebrouck, Valenciennes.
OISE	*Beauvais*, Clermont, Compiègne, Senlis.
ORNE	*Alençon*, Argentan, Domfront, Mortagne.
PAS-DE-CALAIS	*Arras*, Béthune, Boulogne, Montreuil, Saint-Omer, Saint-Pol.
PUY-DE-DÔME	*Clermont-Ferrand*, Ambert, Issoire, Riom, Thiers.
PYRÉNÉES (BASSES-)	*Pau*, Bayonne, Mauléon, Oloron, Orthès.
PYRÉNÉES (HAUTES-)	*Tarbes*, Argelès, Bagnères.
PYRÉNÉES-ORIENTALES	*Perpignan*, Céret, Prades.
RHIN (BAS-)	*Strasbourg*, Saverne, Schlestadt, Wissembourg.
RHIN (HAUT-)	*Colmar*, Mulhouse, Belfort.
RHÔNE	*Lyon*, Villefranche.
SAÔNE (HAUTE-)	*Vesoul*, Gray, Lure.
SAÔNE-ET-LOIRE	*Mâcon*, Autun, Chalon, Charolles, Louhans.
SARTHE	*Le Mans*, La Flèche, Mamers, Saint-Calais.
SAVOIE	*Chambéry*, Albertville, Moutiers, Saint-Jean-de-Maurienne.
SAVOIE (HAUTE-)	*Annecy*, Bonneville, Saint-Julien, Thonon.
SEINE	*Paris*, Saint-Denis, Sceaux.
SEINE-ET-MARNE	*Melun*, Coulommiers, Fontainebleau, Meaux, Provins.
SEINE-ET-OISE	*Versailles*, Corbeil, Étampes, Mantes, Pontoise, Rambouillet.
SEINE-INFÉRIEURE	*Rouen*, Dieppe, Le Havre, Neufchâtel, Yvetot.
SÈVRES (DEUX-)	*Niort*, Bressuire, Melle, Parthenay.
SOMME	*Amiens*, Abbeville, Doullens, Montdidier, Péronne.
TARN	*Albi*, Castres, Gaillac, Lavaur.

DÉPARTEMENTS.	ARRONDISSEMENTS.
TARN-ET-GARONNE	*Montauban*, Castel-Sarrasin, Moissac.
VAR	*Draguignan*, Brignoles, Toulon.
VAUCLUSE	*Avignon*, Apt, Carpentras, Orange.
VENDÉE	*Napoléon-Vendée*, Fontenay, les Sables-d'Olonne.
VIENNE	*Poitiers*, Châtellerault, Civray, Loudun, Montmorillon.
VIENNE (HAUTE-)	*Limoges*, Bellac, Rochechouart, Saint-Yrieix.
VOSGES	*Épinal*, Mirecourt, Neufchâteau, Remiremont, Saint-Dié.
YONNE	*Auxerre*, Avallon, Joigny, Sens, Tonnerre.

ALGÉRIE.

ALGER	*Alger*, Blidah, Milianah.
CONSTANTINE	*Constantine*, Bône, Guelma, Philippeville, Sétif.
ORAN	*Oran*, Mascara, Mostaganem, Tlemcen.

COLONIES DE LA FRANCE.

En Afrique, le gouvernement du *Sénégal*, quelques autres établissements dans la *Guinée supérieure* (*Gabon*, etc.), l'île de la *Réunion*, l'île de *Sainte-Marie*, celle de *Mayotte* et quelques autres petites îles près de Madagascar.

En Asie, *Pondichéry*, *Karikal*, *Mahé*, *Chandernagor*, *Yanaon*, dans l'Hindoustan ; la *Basse-Cochinchine*, dans l'Indo-Chine.

En Amérique, la *Guadeloupe*, la *Martinique* et quelques autres îles de la chaîne des *Petites Antilles* ; — la

Guyane française, dans l'Amérique du sud ; — les petites îles de *Saint-Pierre* et *Miquelon*, près de la côte méridionale de Terre-Neuve.

Dans l'Océanie, la *Nouvelle-Calédonie*, les îles *Marquises*, le protectorat de l'île de *Tahiti* et de quelques petites îles voisines.

CHEMINS DE FER DE LA FRANCE.

Paris est le centre des chemins de fer français. Six lignes principales en partent ;

1° Le CHEMIN DU NORD, sur *Amiens, Arras, Douai, Lille*, et, avec ses rameaux, sur *Boulogne, Calais, Dunkerque*, vis-à-vis de l'Angleterre, et sur *Gand, Bruxelles, Liége*, en Belgique, *Cologne*, en Allemagne ;

2° et 3° Les deux lignes des CHEMINS DE L'OUEST, ayant leurs points de départ à la *rive droite* et à la *rive gauche* de la Seine, à Paris, et se portant, d'une part, sur *Rouen* et *Le Havre*, sur *Caen* et *Cherbourg* ; de l'autre, sur *Versailles, Chartres, Le Mans, Rennes* et *Brest* ;

4° Le CHEMIN D'ORLÉANS, qui, à Orléans, se sépare en deux grandes branches : l'une sur *Tours, Angers* et *Nantes*, avec l'embranchement de *Tours* à *Poitiers* et *Bordeaux* ; l'autre sur *Vierzon, Bourges, Moulins, Clermont*, avec le rameau de *Limoges* et *Périgueux* ;

5° Le CHEMIN DE PARIS A LYON, par deux directions : l'une par *Dijon* et *Mâcon*, c'est-à-dire par la *Bourgogne*, avec des embranchements sur *Besançon, Neuchâtel en Suisse, Genève, Chambéry*, — l'autre par *Nevers, Moulins, Roanne* et *Tarare* ou *Saint-Étienne*, c'est-à-dire par le *Bourbonnais*, avec des rameaux qui se rattachent à la ligne de la Bourgogne et au chemin d'Orléans ;

Le CHEMIN DE LYON A LA MÉDITERRANÉE est la continuation de la ligne de Paris à Lyon, et se rend à *Marseille* par *Avignon;* il dirige des rameaux sur *Grenoble,* sur *Nîmes* et *Montpellier,* sur *Toulon* et *Nice,* etc. ;

6° Le CHEMIN DE L'EST, sur *Strasbourg,* par *Châlons-sur-Marne, Bar-le-Duc, Nancy,* avec embranchements sur *Troyes, Mulhouse* et *Bâle,* sur *Reims* et les *Ardennes,* sur *Metz* et *Mayence* (en Allemagne).

Les CHEMINS DU MIDI touchent, d'un côté, à la ligne de Lyon à la Méditerranée, de l'autre, à celle d'Orléans à Bordeaux ; la ligne principale va de *Cette* à *Bordeaux,* en passant par *Narbonne, Carcassonne, Toulouse, Montauban,* et elle envoie des rameaux en Espagne par *Perpignan* et par *Bayonne.*

FIN

TABLE DES MATIÈRES.

SUPPLÉMENT AUX ENTRETIENS.

FIGURES INTERCALÉES DANS L'OUVRAGE.

FIN DE LA TABLE.

Imprimerie générale de Ch. Lahure, rue de Fleurus, 9, à Paris.

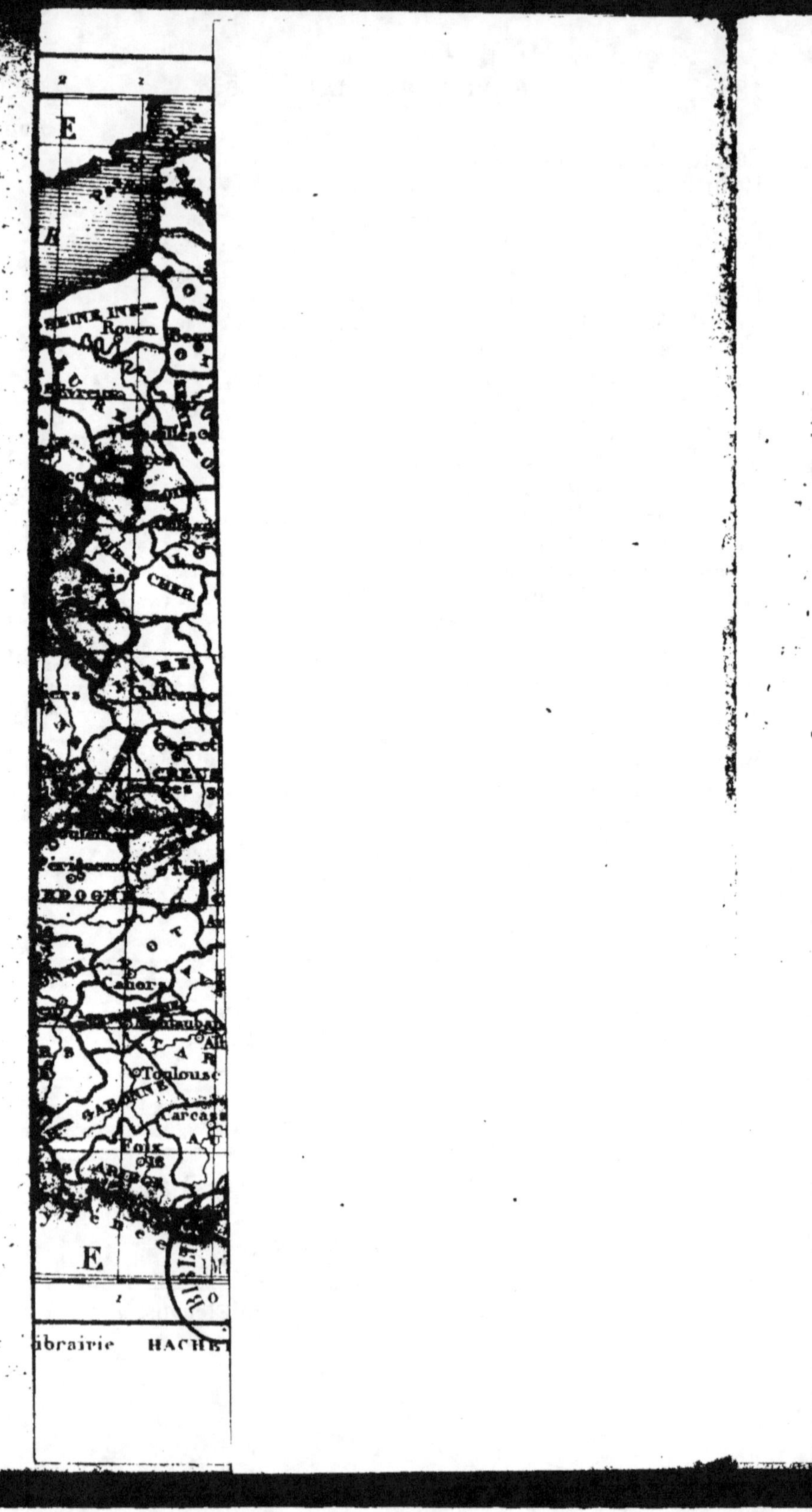

E
SEINE INF.
Rouen
CHER
Cahors
Toulouse
GARONNE
Carcass
Foix
E
Librairie HACHET

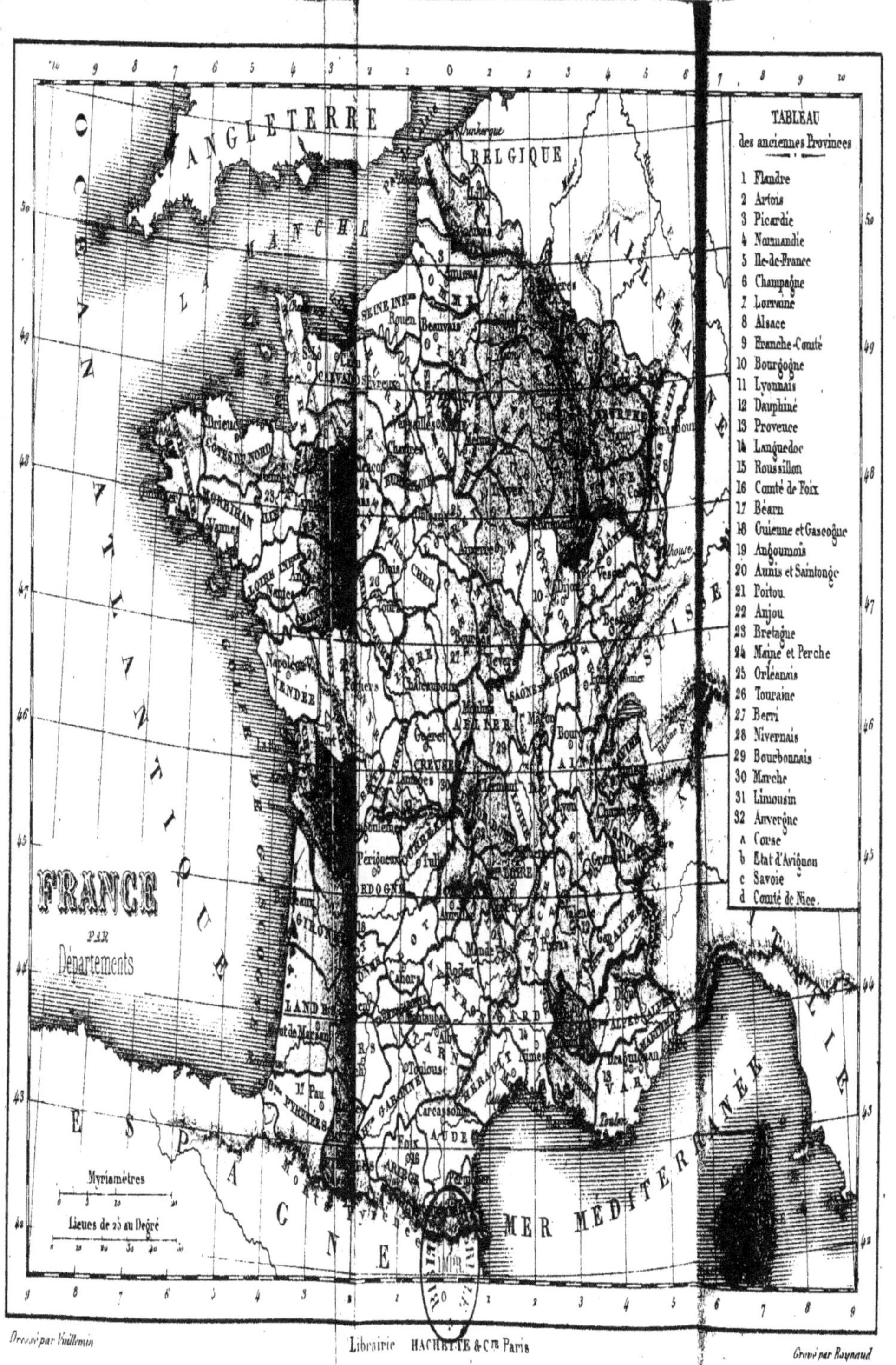

ANGLETERRE
BELGIQUE
ALLEMAGNE
SUISSE
ITALIE
LA MANCHE
OCÉAN ATLANTIQUE
ESPAGNE
MER MÉDITERRANÉE
FRANCE
PAR
Départements
Myriamètres
Lieues de 25 au Degré
TABLEAU
des anciennes Provinces
1 Flandre
2 Artois
3 Picardie
4 Normandie
5 Ile-de-France
6 Champagne
7 Lorraine
8 Alsace
9 Franche-Comté
10 Bourgogne
11 Lyonnais
12 Dauphiné
13 Provence
14 Languedoc
15 Roussillon
16 Comté de Foix
17 Béarn
18 Guienne et Gascogne
19 Angoumois
20 Aunis et Saintonge
21 Poitou
22 Anjou
23 Bretagne
24 Maine et Perche
25 Orléanais
26 Touraine
27 Berri
28 Nivernais
29 Bourbonnais
30 Marche
31 Limousin
32 Auvergne
A Corse
b Etat d'Avignon
c Savoie
d Comté de Nice

Dressé par Vuillemin
Librairie HACHETTE & Cie Paris
Gravé par Raynaud